Rund um den Vierwaldstättersee
Waldstätterweg & Weg der Schweiz
Kulturlandschaftsführer
Band 3

Erika Flückiger Strebel
Martino Froelicher

www.weberverlag.ch

▸▸ *Im Bergföhrenwald, auf dem Waldstätterweg zwischen Brunnen und Gersau.*
Die beiden Routen Waldstätterweg und Weg der Schweiz erschliessen eine Natur- und Kulturlandschaft von nationaler Bedeutung. Sie führen in insgesamt 9 Tagesetappen rund um den Vierwaldstättersee. Die unterschiedlichen natur- und kulturräumlichen Voraussetzungen wie Mikroklima, Topografie und Besiedlungsdichte geben jeder Etappe einen eigenen Charakter.

Rund um den Vierwaldstättersee

Waldstätterweg & Weg der Schweiz

Erika Flückiger Strebel
Martino Froelicher

WEBERVERLAG.CH

Impressum

2. Auflage 2021

Herausgeber
Albert Koechlin Stiftung, Reusssteg 3, CH-6003 Luzern
www.aks-stiftung.ch

Idee und Texte
Erika Flückiger Strebel, Bern, und Martino Froelicher, Luzern

Fotos
Emanuel Ammon, Gabriel Ammon, Martino Froelicher, Luzern
Christian Perret, Emmetten

Foto Umschlag
Bei Seelisberg, am Übergang vom Waldstätterweg
zum Weg der Schweiz.

Gestaltung
Nina Ruosch, Werd & Weber Verlag AG

Satz
Eva von Allmen, Werd & Weber Verlag AG

Korrektorat
Sophie Muralt, Werd & Weber Verlag AG

ISBN 978-3-03818-334-1
www.weberverlag.ch

Der Verlag Werd & Weber wird vom Bundesamt für Kultur
mit einem Strukturbeitrag für die Jahre 2021 – 2024 unterstützt.

Inhaltsverzeichnis

Die Landschaft als natürliches, durch ein Felsenfenster in Szene gesetztes Ereignis: auf der ehemals weltberühmten Axenstrasse auf dem Weg der Schweiz zwischen Flüelen und Sisikon mit Blick Richtung Flüelen und den Bristen (3072 m ü. M.).

Vorwort

Der Vierwaldstättersee, im Übergang zwischen Mittelland, Voralpen und Alpen gelegen, ist eine in sich ruhende, unverrückbare Grösse. Mit seinen ausgebreiteten Armen hält er den Blick auf eine Landschaftskammer von einzigartiger Vielfalt frei.
Der Kulturlandschaftsführer ist als Begleitpublikation zur Neulancierung des Waldstätterweges entstanden. Dieser ist neu signalisiert, touristisch aufgearbeitet, mit Inhalten zur Tourismus- und Agrargeschichte angereichert und für didaktische Zwecke vermittelbar gemacht worden. Diese spannenden Inhalte stehen als Web-Dateien zur Verfügung. Neu garantiert eine gemeinsame Trägerschaft der beiden Routen «Weg der Schweiz» und «Waldstätterweg» der Forderung nach einer Wanderroute rund um den Vierwaldstättersee die nötige Nachhaltigkeit.
Für die Albert Koechlin Stiftung, die sich der Innerschweiz als Lebensraum verpflichtet sieht, war und ist bei der Lancierung des Waldstätterweges der Umweltaspekt und damit Schutz, Erhalt und Aufwertung der Natur- und Kulturlandschaft zentral. Mit der Vernetzung von Natur- und Kulturlandschaft, Tourismus, Landwirtschaft und Bildung bietet sich die Möglichkeit, der Region am Vierwaldstättersee mit erhöhter Aufmerksamkeit zu begegnen. Ob auf historischen Wegen aus dem Inventar historischer Verkehrswege der Schweiz (IVS), in den Dörfern am See, an den bekannten oder weniger bekannten Sehenswürdigkeiten oder in den landwirtschaftlich genutzten Flächen, stets ist der Lebensraum Vierwaldstättersee in seinen geschichtlichen und aktuellen Bezügen erlebbar.
Das zu Fuss zu gehen ist die beste Möglichkeit, einen Lebensraum mit allen Sinnen zu erfassen. Wir laden Sie herzlich ein, Ihre Wanderungen «Rund um den Vierwaldstättersee» zu starten.
Viel Vergnügen beim Lesen, Betrachten und Wandern!

Peter Kasper
Stiftungsratspräsident Albert Koechlin Stiftung

LUZERN
3
4.30 h
Wanderzeit
Meggen
Greppen
4
6.30 h
Wanderzeit
Ennethorw
BÜRGENSTOCK
Stansstad
5
5.15 h
Wanderzeit
6
ALPNACHSTAD
98
Waldstätterweg
Etappen 1-7, S. 22-41
99
Weg der Schweiz
Etappen 1-2 plus Variante, S. 42-

TZNAU
1 4.45 h Wanderzeit
Gersau
BRUNNEN
RÜTLI
7 4.40 h Wanderzeit
KENRIED
Sisikon
Bauen
V 2.55 h Wanderzeit
2 5.55 h Wanderzeit
Isenthal
1 5.30 h Wanderzeit
FLÜELEN

Praktische Informationen zu den beiden Routen

Kulturwege

Die beiden Wege erschliessen eine Natur- und Kulturlandschaft von nationaler Bedeutung. Naturschönheiten, Geschichtsträchtigkeit, gute Erreichbarkeit und ein früher Ausbau der Transport- und Hotelinfrastruktur machten die Vierwaldstätterseeregion im Laufe des 19. Jahrhunderts neben der Genferseeregion und dem Berner Oberland zur führenden Tourismusregion mit einer internationalen Ausstrahlung.

Waldstätterweg und Weg der Schweiz eröffnen mit ihrem Verlauf rund um die Arme des Vierwaldstättersees einen Blick auf die einmalige Natur- und Kulturlandschaft. «Ringsum die Herrlichkeit der Welt!» – was ein reiseerfahrener Dichter und Gelehrter wie Johann Wolfgang von Goethe schon 1779 vom Rigi-Känzeli herab begeistert feststellte, ist mit der Wanderung rings um den Vierwaldstättersee auch heute wieder, mit neuem Blick, zu entdecken.

Wegweisung

Die Routennummern 98 (Waldstätterweg) und 99 (Weg der Schweiz) zeigen stets den Weg. Als regionale Routen des Netzes von SchweizMobil sind sie durchgehend und in beide Richtungen signalisiert. Die Orientierung ist jederzeit gewährleistet – es empfiehlt sich jedoch, nach individuellem Bedürfnis auch Kartenmaterial mit auf die Wanderungen zu nehmen. Es gibt verschiedene Wege, sich das Kartenmaterial zu besorgen.

Kartenmaterial

Wer sich die Karten selber ausdrucken will, kann die beiden Routen via Website von SchweizMobil in unterschiedlichen Massstäben ausdrucken (www.wanderland.ch). Zu kaufen gibt es die Karte «Vierwaldstättersee» von Hallwag, Kümmerly & Frey (beide Routen) sowie die Karte «Weg der Schweiz» von Swisstopo zur Route 99.

Anforderungen

Im Schuhwerk griffig, in der Ausdauer mittel: insbesondere der Waldstätterweg ist in Teilen auch immer wieder ein Bergwanderweg. Mit Ausnahme der Etappe 3 sind daher auf allen Etappen feste Schuhe mit guter Sohle angebracht. Die Etappierung ist auf eine mittlere Kondition hin angelegt. Um die Gehzeiten zu verkürzen, kann für einzelne Teilstrecken der ÖV benutzt werden. Eine witterungstaugliche Ausrüstung ist Voraussetzung. Bei beiden Routen gilt: Badeutensilien mitnehmen!

Wanderzeiten

Vom Zuwachs an Lebensqualität beim Gehen: Die Wanderzeiten sind Richtzeiten ohne Verpflegungs-, Besichtigungs- und Badepausen. Wir empfehlen, für die einzelnen Etappen genügend Zeit einzurechnen.

Wandersaison

Länger als im Gebirge: Von Mai bis Oktober sind die beiden Routen in der Regel durchgehend begehbar. Insbesondere die Bergwanderwege sind ausserhalb dieser Saison nicht zu empfehlen. Der Felsenweg am Bürgenstock ist von November bis April geschlossen und unpassierbar. Einzelne Etappen-Teilstücke direkt am See sind ganzjährig begehbar.

Hindernisfreie Teilstrecken

Mit Rollstuhl und Kinderwagen: auf zwei Abschnitten sind hindernisfreie Wege ausgeschildert. Die Informationen zu den beiden Teilstrecken Luzern–Seeburg und Flüelen–Isleten sind auf der Website von SchweizMobil aufgeschaltet (Hindernisfreie Wege).

Erlebnisangebote

Ganz wie es beliebt: es bestehen verschiedene Pauschalangebote, die saisonaktuell in Web und Prints präsentiert werden. Ob als Fernwanderroute in mehreren Tagen, ob als verlängertes Wochenende oder als Tagesangebot, die Websites geben Auskunft.

Websites

Die Website www.waldstaetterweg.ch wird heute durch die Erlebnisregion Mythen betreut und automatisch auf deren Auftritt umgeleitet. Sie gibt umfassend und aktuell Auskunft zur Route und ist mit vielen zusätzlichen Inhalten aus der geschichtlichen und didaktischen Aufarbeitung angereichert (siehe unten stehende Umschreibung). Die Website www.weg-der-schweiz.ch vermittelt alle Informationen zum Weg der Schweiz. Beide Routen sind zudem als Wanderland-Routen 98 und 99 auf www.wanderland.ch verankert.

Waldstätterweg-Inhalte auf dem Web

Zur Waldstätterweg-Wanderung hat die Albert Koechlin Stiftung Grundlagen erarbeitet, die an insgesamt 50 «Points of Interest» (POI) spannende Informationen zur Tourismus- und Agrargeschichte vermitteln. Mit Kurztexten, Abbildungen, Video- und Audiodateien sowie längeren Vertiefungstexten als PDF sind verschiedene Aspekte der Tourismus- und Agrargeschichte hervorgehoben. Die Recherche nach audiovisuellen Quellen, jeweils auf eine Länge von zwei Minuten geschnitten, förderte ebenso wie die textliche Vertiefung viele Perlen zu Tage. Die geschichtlichen Sachtexte bilden eine wahre Fundgrube, ebenso wie die audiovisuellen Beiträge aus Wochenschauen, dem SRF-Archiv oder beispielsweise Schweizer Dokumentarfilmen. So stammt das älteste Filmdokument von 1895 und zeigt die Sehenswürdigkeiten von Luzern. Folgen Sie der Listenansicht und klicken Sie direkt auf die Karte (www.waldstaetterweg.ch → 50 Points of Interest). Gute Reise!

Lernen unterwegs

Begreifen, was uns bewegt: Warum, wann, wo und wie kamen die ersten Touristinnen und Touristen an den Vierwaldstättersee und in die Innerschweiz? Wie und warum war die Landwirtschaft so prägend für diesen Raum? Was ist von dieser Geschichte überliefert? Die webgestützte Didaktikplattform «Lernen unterwegs» liefert Informationen und Unterrichtsmaterial, das auf den Lehrplan 21 aufbaut, für Lernende und Lehrpersonen der Primarstufe und der Sekundarstufe I und II (www.waldstaetterweg.ch → Lernen unterwegs).

Ruhepause unterwegs: im Alpnacher Städerried zwischen Alpnach- und Stansstad.

Agrotourismus mit hohem Erlebniswert: auf dem Stanser Wanghof.

Baden mit Leidensc während und nach jeder Wanderetappe Auf dem Weg der Schweiz bei Sisikon und im Reussdelta b Flüelen.

Für die An- und Ab-
e sowie zur Verkür-
ung einzelner Wan-
etappen: das dichte
Netz von Postauto,
iff und Bergbahnen
acht vieles leichter.

Die Landschaft ist und bleibt das Herausragende. Sie machte die Vierwaldstätterseeregion zur Tourismusdestination erster Güte und verdient es auch heute noch, immer wieder neu entdeckt zu werden. Eine Kunstinszenierung vor dem Kultur- und Kongresszentrum Luzern, 2009; Ölbild von Bruno Müller-Meyer.

LUCERNE FESTIVAL

▲ *Von Waldstätterweg zu Waldstätterweg. Blick vom Felsenweg in Etappe 6 auf die Rigi, Weggis und Küssnacht in Etappe 2.*

▼ *Die Eröffnungsfeierlichkeiten zum Weg der Schweiz im Jahre 1991: ein Gemeinschaftswerk der 26 Kantone, symbolisiert durch eine Schiffskette.*

Die beiden Routen und ihre Etappen

Waldstätterweg und Weg der Schweiz führen in insgesamt neun Etappen rund um den Vierwaldstättersee. Die 146 km lange Gesamtroute ist auf eine Gehzeit von 46 Stunden ausgerichtet. Die Etappenzeiten variieren zwischen vier und sechs Stunden. Innerhalb der Etappen bestehen jedoch vielfältige Möglichkeiten, die Wanderzeit mit dem ÖV (Schiff, Postauto, Bus, Eisenbahn) individuell zu verkürzen.
Gemeinsam ist beiden Wegen die Nähe zum See, der die Leitlinie bildet. Sie passieren die Hauptorte am See, die Berghänge der Rigi, den Bürgenstock als höchstgelegenen Punkt sowie die Abhänge am Seelisberg und am Fronalpstock. Die Stadt Luzern und ihre Agglomeration ist ebenso ein Bezugspunkt wie die ländlichen Gegenden der Vierwaldstätterseeregion. Einige Teilstrecken verlaufen auf historischen Wegen, einige auf Neuanlagen, die zum 700-Jahr-Jubiläum der Schweiz 1991 neu angelegt oder saniert wurden. Dazwischen sind auch Wanderwegverläufe auf asphaltierten Fahrstrassen, Güterwegen oder Promenaden wie die verschiedenen Quaianlagen anzutreffen.
Dadurch erhält jede Etappe ihr eigenes Gepräge. Alle Etappen laden ein, den Vierwaldstättersee als eine der grössten Attraktionen der Schweiz des 19. Jahrhunderts neu zu entdecken.
Ganz so, wie es ein Reiseführer im Jahre 1837 umschrieb: «Der Vierwaldstättersee […], am Fusse der hohen majestätischen Alpenkette liegend […] gehört wegen seines malerischen grossen und schauerlichen Charakters zu den anziehendsten Gewässern der Schweiz» (Der Vierwaldstättersee mit seinen klassischen Ufern, 1837).
Nach einer längeren Phase des intensiven Ausbaus der Siedlungs- und Verkehrsinfrastruktur im 20. Jahrhundert ist es wieder an der Zeit, die Landschaftsqualität der Vierwaldstätterseeregion stärker ins Blickfeld zu rücken. Die Umrundung des Sees, im Tempo des wandernden, vielleicht gar pilgernden Gehens, lädt dazu ein.

▲ *«Das Schauspiel eines feuerspeyenden Berges und der Anblick des Meeres ausgenommen wüsste ich keine Naturscene, keine Naturschönheit, die der Wandrer in der Schweitz vermissen möchte» (J.G. Ebel: Reiseführer zur Schweiz von 1804). Die fjordähnliche Einfahrt in den Urnersee mit der Tellskappelle.*

Waldstätterweg (Wanderland-Route 98)

Ein Hauch von Süden

Etappe 1: Brunnen–Vitznau

Von Brunnen über den Waldstätterquai und den Auslandschweizerplatz an die Seestrasse bis nach Brünischart. Hier beginnt der Bergwanderweg durch die südländisch anmutende Waldvegetation mit herrlicher Rundsicht. Via Gersau erreicht man Vitznau.

- Wanderzeit: 4h 50min.
- Brunnen–Gersau: 2h 50min./Gersau–Vitznau: 2h
- 560 Höhenmeter

Wo die Viehhändler, Bauern, Knechte und Mägde bis anhin besorgt waren, das störrische Vieh in die offenen Lastenschiffe einzureihen, legten mit den ersten Dampfschiffkursen ab den 1840er Jahren die Fremden an. Was muss das für ein Kontrast gewesen sein! Hier die eigentümlichen Fremden, die in den höchsten Tönen das Landschaftspanorama lobten, da die knorrigen Einheimischen, die im Viehexport ihr Auskommen suchten. Wo vorher ein nur teilweise befestigtes Ufer den Übergang von Land zu See markierte, setzte die Umgestaltung zum Fremdenverkehrsort mit Hotelbauten und Bahnanlagen ein. Bis 1870 waren die Quaianlage und das Hotel Waldstätterhof errichtet.

Heute führt der Waldstätterweg am Hotel vorbei zum einladenden Platz der Auslandschweizer, der 1991 eingeweiht wurde. In der Fortsetzung verläuft der Weg entlang des Naturschutzgebietes Hopfräben in Richtung Schroten. Hier mündet er in die 1867 errichtete Seestrasse, die das Vierwaldstätterseeufer bis Gersau, Vitznau und Weggis auch für den aufkommenden Fremdenverkehr erschloss. Mit dem Ausbau zur automobilgerechten Strasse für den Freizeitverkehr in den 1930er-Jahren wurde die Seestrasse an der Landesausstellung von 1939 zur eigentlichen Schweizerischen Vorzeigestrasse.

Von Brünischart bis Gersau und Vitznau durchläuft der Waldstätterweg den grössten Trockenlebensraum der In-

Ruheplatz im Bergföhrenwald: die Aussichtskanzel Oberholz (680 m ü. M.) mit Blick Richtung Brunnen und den Fronalpstock.

nerschweiz, die Rigi Südflanke. Die intensive Sonneneinstrahlung und der Föhneinfluss bieten wärmeliebenden Arten günstige klimatische Bedingungen. Buchen, Eichen, Linden und Föhren wechseln sich ab. Auffallend sind insbesondere die knorrigen Waldföhren, die auf den exponierten Felspartien und den trockenen Kreten gedeihen. Der Weg steigt vorerst auf den Kulminationspunkt Oberholz (680 m ü. M.) an, wo sich das Panorama vom Delta der Muota über die Mythen, den Stoos und den Fronalpstock bis Treib und Seelisberg erschliesst. In der Art eines frühen Forstwegs ist das Wegtrassee an einer Stelle talseitig mit Kalkstein-Trockenmauern von bis zu 1.5 Meter Höhe abgestützt. Vorbei an der Kapelle Buol erreicht man Gersau. Zwischen Gersau und Vitznau wird das Gelände offener, der Weg führt an Weiden, Mähwiesen, Gaden und Heimwesen der Berglandwirtschaft vorbei über den alten Passeinschnitt der Luegi nach Vitznau.

Über Leitern an die Riviera
Etappe 2: Vitznau–Küssnacht

Vorbei an Obstgärten bis Oberwilen und über die schmale Molassestufe mit Leitern, die früher die einzige Landverbindung nach Weggis ermöglichten. Durch das Naturschutzgebiet Chestenenweid über Weggis, Hertenstein und den Haldihof nach Greppen und Küssnacht.

- Wanderzeit: 5 h 45 min.
- Vitznau–Weggis: 2 h 45 min. / Weggis–Küssnacht: 3 h
- 620 Höhenmeter

Mit dem Bau der Vitznau-Rigi-Bahn wurde Vitznau ab 1871 zum neuen Ausgangsort für den Fremdenverkehr auf die Rigi. Hatte bis anhin die halbe Dorfbevölkerung von Weggis im sogenannten «Rigidienst» als Schiffer, Träger von Lasten und Personen, als Maultierhalter, Führer oder Hotelbedienstete ihr Auskommen gefunden, führte die technische Pionierleistung der neuen Zahnradbahn zum Niedergang des Weggiser Rigidienstes und zum Aufschwung von Vitznau.

Am Stationsgebäude der vereinigten Rigibahnen startend, führt der Waldstätterweg hangaufwärts. Das Siedlungsgebiet von Vitznau wird bei der Hasliweid verlassen. An Schafweiden und steilen Heimwesen vorbei steigt der Weg wie die traditionellen Rigiwege – steil, unbefestigt und direkt – bergaufwärts. Ursache für diese Steigung ist die gewaltige Molasseverwerfung, die sich von Rigi Kaltbad bis zum See hinunter zieht und eine erste Landverbindung zwischen Vitznau und Weggis erst hier, an der Orenfad, ermöglicht. Dieses Felsband, eine der für die Rigi namensbildenden «Rigenen», ist seit jeher nur über eine Leiter überwindbar. Ob aus Holz oder wie heute aus Alu, Vorsicht und guter Halt ist nach wie vor ein Muss. Im Abstieg durch die lockere Molasse sind Stöcke hilfreich. Bereits 1863 merkte eine britische Rigibesteigerin schelmisch an, dass der gesamte Rigiberg in einigen Jahrhunderten flachgetreten sein werde. Die runden, lockeren Nagelfluhbollen würden durch die Heerscharen von Gipfeltouristen gelöst, in den See gekollert und die Rigi verschwunden sein.

▲ *Noch ist die Rigi da und nicht flachgetreten: die Vorfreude auf den Badespass verkürzt Kindern und Erwachsenen die Wanderzeit auf der Etappe. Wandersteg vor Weggis.*

Stachelige Kastanien künden in der Folge das Naturschutzgebiet der Chestenenweid an. Das milde Klima der «Riviera» ist bis auf diese Höhe zu spüren. Früher nutzten es die Bauern der Umgebung, indem sie Kastanienselven zur Nahrungs- und Futterproduktion anlegten. Dieses alte Kulturgut wird nun wiederentdeckt und gefördert.

Das Dorf Weggis traversiert man in Sichtkontakt auf der Anhöhe. Ab- und Zustiege ins Dorf sind über das bestehende Wanderwegnetz jederzeit möglich. Auf der Hertensteiner Halbinsel werden Gelände und Weg sanfter. Vorbei an den Gemüse- und Obstgärten der Weggiser Produzenten, die früher mit Nauen den Luzerner Markt belieferten, erreicht man den Haldihof mit seinem Hofcafé. In Greppen angekommen, gilt es den Fuss- und Radweg entlang der Kantonsstrasse von 1867 schnell hinter sich zu bringen. Angenehmer ist das Schlussstück nach Küssnacht, das als Hafenort bis zum Bau der Gotthardbahn einen bedeutenden Stellenwert im Gotthardverkehr besass.

In der Chestenenweid von Weggis. Die Kultur der Kastanienselven geriet im 19. und 20. Jahrhundert weitgehend in Vergessenheit. Mit gezielten Pflegeeinsätzen wird die Kastanienkultur und damit die Landschaftsqualität insgesamt verbessert.

Promenieren mit Blick auf die Alpen

Etappe 3: Küssnacht–Luzern

Von Küssnacht durch die Naturschutzgebiete im Wagenmoos an das Seeufer von Meggen und Schloss Meggenhorn. Annäherung an die Stadt Luzern und Promenade über die Tourismusallee des 19. Jahrhunderts, die Quaianlage mit Fernsicht auf die Alpen.

- Wanderzeit: 4h 30min.
- Küssnacht–Meggen: 2h 30min. / Meggen–Luzern: 2h
- 310 Höhenmeter

Über eine Güterstrasse durch das landwirtschaftlich genutzte Allmig-Gelände, vorbei an einem Passions-Wegkreuz, erreicht man die Anhöhe mit dem prächtigen Panoramablick auf die Rigi und den Vierwaldstättersee. Anschliessend steuert der Waldstätterweg im Meggerwald ein attraktives Naherholungsgebiet mit zahlreichen wertvollen Biotopen an. Nach dem Schlittenried, einem Flachmoor von nationaler Bedeutung, folgt mit dem Wagenmoos, mit seiner Torfseelandschaft, ein national bedeutendes Amphibienlaichgebiet.

Über «Gränzetürli» geht es hinunter an die Meggener Seeuferpromenade, die eine geschützte Parkzone durchläuft. An der Schiffanlegestelle und an Villen vorbei geht es zur Parkanlage des Schlossgutes Meggenhorn, das, in seiner heutigen Gestalt, 1870 als Landsitz eines Grossindustriellen erbaut wurde. Seit 1974 im Besitz der Gemeinde Meggen, wird es heute für Kultur- und Gesellschaftsanlässe genutzt.

Von der Rippertschwand-Geländekante aus erschliesst sich der Blick auf die Stadt Luzern aus ungewohnter Perspektive. Im Vordergrund finden sich Landwirtschaftsland und herrschaftliche Landsitze, im Hintergrund die pulsierende Hauptstadt der Innerschweiz. An den Hotelbauten von Hermitage und Seeburg, am Lido und dem Verkehrshaus der Schweiz vorbei kommt man zur Quaianlage von Luzern, die in unterschiedlichen Etappen erbaut wurde. Zuerst betritt man das jüngste Teilstück, den 1978 errichteten «Luzernerquai». Es folgt der «Carl-Spitteler-Quai», den man 1923 zu bauen begann und 1931 nach dem

Das Wagenmoos im Meggerwald, mit Torfsee und Feuerstelle am Waldstätterweg. Die Etappe 3 kann in schneearmen Wintern ganzjährig begangen werden.

Schweizer Literatur-Nobelpreisträger Carl Spitteler benannte. Der anschliessende «Nationalquai» entstand ab 1871 als Verlängerung des ältesten Teilstücks, des «Schweizerhofquais». Der Schweizerhofquai markiert den Anfang der Promenadenherrlichkeit. Er entstand in der ersten Phase des luzernischen Fremdenverkehrs von 1835 bis 1853, in Folge der ersten grossen Hotelbauten am See. 1896 wurde er mit Aushubmaterial des Eisenbahn-Stadttunnels um weitere zehn Meter Richtung See verbreitert. Die seeseitige Hälfte blieb verkehrsfrei und wird bis heute von Touristen und Spaziergängerinnen rege genutzt.

Damit gelangt man zur Seebrücke mit freiem Blick auf die gegenüberliegende Kapellbrücke, und auf die Alpen, aus sicherer Distanz.

Königsetappe über den Renggpass

Etappe 4: Luzern–Alpnachstad

Vorbei am KKL und dem Landsitz Tribschen über die Horwer Halbinsel an den Fuss des Pilatus. Übergang über den Renggpass, der bis zum Bau der Brünigstrasse in den 1860er-Jahren die einzige Landverbindung nach Obwalden war.

- Wanderzeit: 6h 30min.
- Luzern–Winkel: 2h 50min. / Winkel–Ennethorw: 30min. / Ennethorw–Renggpass: 2h / Renggpass–Alpnachstad: 1h 10min.
- 805 Höhenmeter

Die andere, kleine Seepromenade bietet keine prachtvollen historischen Hotelbauten wie die gegenüberliegende Seite, stattdessen lädt das im Jahr 2000 eröffnete Kultur- und Kongresszentrum Luzern (KKL) zum genaueren Hinsehen ein. Aus der nicht realisierbaren Idee, das Konzerthaus als Schiff in den See hinaus zu bauen, entwickelte der Architekt Jean Nouvel das Konzept, den See über Wasserkanäle in den Bau hinein zu holen. Der Waldstätterweg nimmt die Passarelle an der Schiffswerft vorbei und führt über die sogenannte «Ufschötti», die mit dem Aushubmaterial des Sonnenberg-Autobahntunnels entstand, nach Tribschen. Auf dem dortigen Landsitz lebte von 1866 bis 1872 Richard Wagner, wo er das «Siegfried-Idyll» komponierte. Wagners temporäre Bleibe ist heute ein Museum. Bis Matthof durchquert man Neusiedlungen der Stadtentwicklung aus den 1970er- und frühen 1980er-Jahren. Der Aufstieg zum Seeblick ist steil, wird jedoch belohnt – der Name ist einmal mehr Programm. Über die Horwer Halbinsel mit ihren Bauernhöfen geht es in ausholendem Bogen hinunter zum Winkel, der einst wichtiger Verladeort für den Schiffsverkehr Richtung Nid-und Obwalden sowie den Handel über den Brünig war. Denn bis zum Bau einer Fahrstrasse am Lopper in den 1860er-Jahren war der Renggpass die einzige Landverbindung. Doch vorerst gilt es, den steilen Aufstieg durch den Wald zum Schwesterenberg und Brunni unter die Füsse

Auf der Renggpasshöhe steht ein Grenzstein mit Datierung 1706. Er markiert die Grenze zwischen Nid- und Obwalden.

zu nehmen. Vorbei an verschiedenen Heimwesen der Berglandwirtschaft erreicht man die Kapelle der Hinter Rengg. Hier setzt der eigentliche historische Passweg ein. Archäologische Befunde belegen die Nutzung bereits in prähistorischer Zeit. Obwohl der Fussweg über den Renggpass in vormoderner Zeit der wichtigste Weg von und nach Obwalden war, gibt es erstaunlicherweise kaum geschichtliche Dokumente, die etwas über ihn berichten. Eine der wenigen Quellen enthält die Bestimmung des Nidwaldner Rats aus dem Jahre 1591, dass hier für jedes Stück Schmalvieh, also Schafe und Ziegen, ein Schilling Zoll zu entrichten sei.

Im Abstieg passiert man eine militärische Stellung aus dem Zweiten Weltkrieg, die mit ihren Kavernen und farbigen Felsinschriften besondere Beachtung verdient. Die anschliessenden Serpentinen haben es in sich. Umso geruhsamer fällt die letzte Flachstrecke dem Seeufer entlang nach Alpnachstad aus. Hier dominieren zwei touristische Pioniertaten das Geschehen: die (Dampf-) Schifffahrt und die steilste Zahnradbahn der Welt, die Pilatusbahn.

Die Sportliche mit Ausblick ins Mittelland

Etappe 5: Alpnachstad–Bürgenstock

Durchs Alpnachstader Ried und die Rotzlochschlucht zum Schnitzturm in Stansstad. Aufstieg entlang der aufgelassenen Geleise der Fürigenbahn nach Oberschilt und steil auf den Bürgenstock, mit Blick auf Pilatus und Mittelland.

- Wanderzeit: 5 h 15 min.
- Alpnachstad–Rotzloch: 2 h 10 min. / Rotzloch–Stansstad: 35 min. / Stansstad–Bürgenstock: 2 h 30 min.
- 773 Höhenmeter

Mit dem ersten Morgenkurs der Pilatusbahn wird es in Alpnachstad schnell international. Wo sich eine Königin Viktoria von England 1868 noch mit der Sänfte auf den Berg tragen liess, ist heute ein Gewirr von Weltsprachen zu vernehmen. Der Waldstätterweg führt entlang des Ufers und quer durch die Ebene des Alpnacher Städerrieds zu den dortigen Naturschutzgebieten. Mit seinen Feuchtwiesen und Kiesflächen am See sowie der Chli Schliere und der Sarner Aa ist das Städerried als Flachmoor und Auengebiet von nationaler Bedeutung eines von diversen Schutzgebieten am Vierwaldstättersee. Der Aufstieg durch den Hinterbergwald verspricht im Hochsommer eine willkommene Abkühlung, der Blick auf Ennetmoos, Stans und den Alpenkranz entschädigt zusätzlich. Der Abstieg durch die Rotzlochschlucht eröffnet den Einblick in das älteste vorindustrielle Gebiet Nidwaldens. Der Wasserkraft wegen entstanden dort schon früh eine Mühle, eine Papiermanufaktur (1597), ein Badhaus, eine Öltrotte, eine Pulvermühle, eine Sägerei, eine Gerberei und eine Eisenschmelze. Mitte des 19. Jahrhunderts eröffnete hier das Unternehmen Hotel, Pension & Bad Blättler Rotzloch, dessen Besitzer Kaspar Blättler auch die Erschliessung des Pilatus vorantrieb und die Dampfschifffahrt auf dem Alpnachersee förderte.

Vorbei am nächsten Ried erreicht der Weg Stansstad. Dort dominieren die Sust und der Schnitzturm das Ortsbild. Die ab 1538 schriftlich belegte Sust gehörte dem Kloster Engelberg und diente auch den Nidwaldner Landleuten als Warenlager. Nach der Zerstörung von Stansstad durch die

▲ *Der hart am Wasser stehende Schnitzturm von Stansstad wurde in der zweiten Hälfte des 13. Jahrhunderts als Wehr- und Wohnturm gebaut. Er scheint Teil einer kleinen Burganlage zu Verwaltungs- und Repräsentationszwecken gewesen zu sein.*

Truppen Napoleons im Jahre 1798 baute Nidwalden zusammen mit Engelberg die Sust wieder auf.
In der Harissenbucht und im steilen Aufstieg des Fusswegs nach Fürigen treffen wir auf Relikte der Tourismusgeschichte. Als Freibäder in Mode kamen, eröffnete 1920 der Besitzer des Kurhauses in Fürigen in der Harissenbucht eine Badeanstalt. Um seinen Gästen den steilen Fussweg zum See zu ersparen, baute er 1924 eine Standseilbahn vom Hotel zum Bad und 1937 einen Stehlift vom Strand zur höher gelegenen Liegewiese. Heute steht anstelle der Badeanstalt ein Restaurant, von den Bahnanlagen und der Liegewiese zeugen nur noch Relikte. Das Hotel Fürigen ist seit Jahren geschlossen. Dort angekommen, geht es zuerst leicht ansteigend hangaufwärts, bevor ein steiles Wegstück auf die Krete des Schiltgrates führt. Der Blick auf die Seenlandschaft, den Pilatus und das Mittelland rechtfertigt eine Pause, bevor der Bürgenstock erreicht wird.

Durch die Nordwand ans andere Ufer

Etappe 6: Bürgenstock–Beckenried

Über den Felsenweg am Bürgenstock, der den Damen und Herren von Welt als alpine Promenade den Blick zurück auf die Stadt Luzern ermöglichte. Vorbei am Wallfahrtsort St. Jost an die Ufer von Ennetbürgen, Buochs und Beckenried.

- Wanderzeit: 4 h 45 min.
- Bürgenstock–Ennetbürgen: 3 h / Ennetbürgen–Buochs: 30 min. / Buochs–Beckenried: 1 h 15 min.
- 264 Höhenmeter

Fünfhundert Millionen Schweizer Franken investierte die «Katara Hospitality» aus dem Nahen Osten (Katar) in den Bürgenstock als Resort der Superlative. Es umfasst zwei Luxus-Hotels, ein «Healthy Living Center», Residence-Suiten, ein «Alpine Spa» sowie zahlreiche Restaurants.

Die Anfänge gehen auf den Obwaldner Unternehmer, Hotel- und Bahnpionier Franz Josef Bucher-Durrer zurück, der 1873 auf der Alp Tritt oberhalb Kehrsiten das Grand Hotel Bürgenstock eröffnete. Das Aussichtshotel hoch über dem Vierwaldstättersee wurde sofort zum international bekannten Reiseziel. 1888 eröffnete Hotelier Bucher deshalb gleichzeitig mit der Drahtseilbahn ab Kehrsiten das Park-Hotel. 1905 ergänzte das Palace-Hotel als dritter Hotelbetrieb die Zahl der Gästebetten auf 600. Zusammen mit einer weitläufigen Parkanlage, zu der ab 1905 auch der Felsenweg mit dem Hammetschwandlift zählte, entstand auf dem Bürgenstock eine Hotellandschaft, die dem Bedürfnis der reichen Hotelgäste der Belle Époque nach kultivierter Abgehobenheit in idealer Weise entsprach.

Der Waldstätterweg führt über diesen Felsenweg, der auch heute noch eine Attraktion ist, nachdem er 1991 über eine eigene Felsenweg-Stiftung zu neuem Leben erweckt wurde. Bis zum Hammetschwandlift war das Trassee vergleichsweise einfach anzulegen. In den steilsten Passagen stützte man es mit Trockenmauern ab. Schwieriger war der hintere Teil, wo ausgesetzte Trägerkonstruktionen nötig waren.

«Abheben» auf dem Waldstätterweg zwischen Buochs und Beckenried. Die von den Einheimischen «Neuseeland» genannte Landzunge ist ein beliebter Badeplatz.

Die ganze Anlage war eine konsequente Weiterführung der touristischen Promenade, wie sie mit der Quaianlage in Luzern bereits im städtischen Umfeld existierte. Es empfiehlt sich sehr, eine Retourfahrt mit dem Lift zu lösen, um danach den ganzen Felsenweg abzuschreiten.
Im Abstieg nach Ennetbürgen führt der Waldstätterweg an der Kapelle St. Jost vorbei, die sich im Laufe der Zeit vom lokalen Ort der bäuerlichen Wallfahrt zum gefragten Hochzeitskirchlein gewandelt hat. In Ennetbürgen befindet sich entlang des Seeufers ein einzigartiges Ensemble von Chalets. Nach der Aufschüttung des Seeufers und der Anlage eines Quais baute hier die Beckenrieder Chaletfabrik Murer in den 1930er- bis 1950er-Jahren Chalets mit traditioneller Architektur und einheitlicher Formensprache. Über den Seeuferweg erreicht man Buochs, das baugeschichtlich gesehen ein junger Ort ist: den Franzoseneinfall von 1798 haben nur ganz wenige Häuser überlebt, das Dorf wurde danach neu aufgebaut. Zwischen Linden und Unter Feld verläuft der Waldstätterweg auf der alten Kantonsstrasse, die von 1866 bis 1982 als Hauptstrasse diente. Die Ridlikapelle und das Oberdorf leiten über nach Beckenried.

Zwischen dem Hammetschwandlift und Chänzeli folgt die Traverse der Bürgenstock-Nordwand. Sie wurde im hinteren Teil nur mittels einer Trägerkonstruktion möglich. Reste davon sind unterhalb der 1991 erstellten Tunnels gut erkennbar.

«Die Bergrundschau ist überwältigend, aber das Ergreifendste ist hier der Blick in die Tiefe; immer wieder sucht das Auge die Fluten da unten am Fusse der Felsen» beschrieb um 1913 ein Bürgenstock-Werbeprospekt die Faszination des neu erstellten Felsenwegs als spektakuläre Promenade in luftiger Höhe.

Durch die kühlende Schlucht an den Urner See
Etappe 7: Beckenried–Rütli

Über die Uferstrasse nach Risleten und Aufstieg durch die attraktive Risletenschlucht. Querung des Stützbergs über den historischen Weg nach Volligen und Ankunft im Rütli, mit Blick auf den tieferliegenden Urner See.

- Wanderzeit: 4 h 40 min.
- Beckenried–Volligen: 3 h 10 min./ Volligen–Rütli: 1 h 30 min.
- 584 Höhenmeter

Beckenried entwickelte sich im 19. Jahrhundert vom Bauerndorf zum beliebten Ort der Sommerfrische. Anders als in den teuren Grand-Hotels verbrachten hier Leute aus dem Mittelstand in kleineren Pensionen und Gasthäusern ihren Urlaub. Mit der Klewenalpbahn nahm man 1933 nach der Engelberg-Trübsee-Bahn die zweite Seilbahn der Schweiz in Betrieb und öffnete damit den Ort frühzeitig für den Wintertourismus. Eine andere Art von Öffnung erfolgte am 12.12.1980 mit der Eröffnung der Autobahn.
Der Waldstätterweg führt über die Kapelle St. Anna und Rütenen nach Risleten, wo der Aufstieg durch die wildromantische Risletenschlucht ansetzt. Die Besitzer der 1863 erbauten und 1983 abgerissenen Kuranstalt Schöneck erschlossen den südlichen Teil der Schlucht schon früh für ihre Gäste. Denn der Spaziergang über sonnige Bergwiesen und durch wohlriechende Wälder bis zur Schlucht gehörte ebenso zum Kurprogramm wie Trinkkuren, Bäder, Massagen sowie elektrische und pneumatische Anwendungen.
In Follen setzt die Hangroute entlang des Stützbergs ein. Sie verband die zu Emmetten gehörenden Höfe vor der Kantonsgrenze bei Volligen mit dem Dorf. Der Weg hat seinen traditionellen Charakter behalten und ist im felsigen Gelände mit Stützmauern und im Wiesland mit Steinplatten ausgestaltet. Eine Ausnahme ist die kurze, überdimensionierte Asphaltstrasse, die als «Planungsleiche» an eine Projektänderung beim Bau des Seelisbergtunnels erinnert. Aus geologischen Gründen wurde die Untertunnelung verlängert. Die bereits gebaute Zufahrtstrasse er-

▲ *Mit der Inbetriebnahme der A 2 kam ab 1980 der Nord-Süd-Transitverkehr über den Lehnenviadukt und den Seelisbergtunnel auf die Westseite des Sees. Ein Bild mit Seltenheitswert: freie Velofahrt am «Tag der offenen Strasse» zur Streckenbesichtigung vor der Eröffnung.*

füllte nie ihren eigentlichen Zweck. Bei Volligen erreicht der Waldstätterweg den Kanton Uri. In leichter Steigung und mit Unterquerung des Trassees der Treib-Seelisberg-Bahn führt der Weg zu den Höfen von Rüti. Hier eröffnet sich ein eindrücklicher Blick auf den fjordähnlichen Urnersee mit den ihn umgebenden Bergen. Auch zu sehen ist der Talkessel von Schwyz mit den Mythen, dem gegenüberliegenden Axenfels und der Waldwiese des Rütlis. Dem Wunsch der Gäste der Belle Époque nach spektakulären Bergpanoramen und Nähe zu historisch bedeutsamen Stätten entsprach Seelisberg in geradezu idealer Weise. 1852 brach in Seelisberg das moderne Zeitalter an: Treib erhielt eine Anlegestelle für Dampfschiffe, und im Dorf erwarb Michael Truttmann ein Gasthaus, das er in den Folgejahren zu einem Grandhotel mit Weltruf ausbauen sollte. Erst spät kam dagegen die Bahnerschliessung. Die Drahtseilbahn Treib-Seelisberg nahm 1916 den Betrieb auf. Gleichmässig absteigend führt der Waldstätterweg aufs Rütli, das als Etappenende mehrere Anschlussmöglichkeiten bietet.

Die wild-romantisc
Risletenschlucht mi
Stegen, Treppen un
einer Serie von Wa
fällen, die sich dire
den See ergiessen.

Mit Stützmauern u
Felsbearbeitungen
der Weg durch die
Stützberg-Wand. D
historische Weg zu
schen Emmetten u
Volligen verband d
zu Emmetten gehö
Höfe mit dem Dorf
seiner Kirche.

uf dem Waldstätter-
, bei Rüti, mit Blick
htung Urnersee und
Rütli. Das steil zum
ee abfallende Land-
rtschaftsland wurde
m Mittelalter durch
odungen dem Wald
abgerungen.

Ob am Eingangstor zur Schweiz in der Bahnhofshalle Basel oder im Nationalratssaal in der Landeshauptstadt Bern: das Panorama der Marienhöhe mit dem Rütli wurde zu einem Wahrzeichen der Schweiz wie heute das Matterhorn. Im Bildvordergrund die offene Waldwiese des Rütlis, im Bildhintergrund Brunnen und der Talkessel von Schwyz.

Weg der Schweiz (Wanderland-Route 99)

Von Seelisberg zu den NEAT-Inseln

Etappe 1: Rütli–Flüelen

Vorbei an den Aussichtsterrassen Marienhöhe und Waldweidli über historische Wege nach Beroldingen, Bauen und Isleten. Dem See entlang ins Reussdelta, wo die aufgeschütteten Badeinseln zu Aufenthalt und Badefreuden einladen. Vgl. auch Variante Isenthal (S. 48)

- Wanderzeit: 5 h 30 min.
- Rüti–Seelisberg: 1 h / Seelisberg–Bauen: 2 h 10 min. / Bauen–Isleten: 40 min. / Isleten–Flüelen: 1 h 40 min.
- 980 Höhenmeter

Ausgangspunkt der Etappe ist das Rütli, das eng mit dem Bild des freiheitsliebenden und unabhängigen Bauernstandes verknüpft ist und die Identität der Schweiz und ihrer Bevölkerung bis heute massgeblich prägt. Der Mythos des wehrhaften Bauern entstand mit der Geschichtsschreibung des 15. Jahrhunderts. In der Zeit der Aufklärung verband er sich mit dem Bild des unschuldigen Hirtenknaben, der die Ursprünglichkeit und Naturverbundenheit des Schweizer Volkes symbolisierte. Im Zeitalter der Nationalstaatenbildung wuchs das Interesse am Rütli als nationale Gedenkstätte, was 1859 in der Übergabe der landwirtschaftlich genutzten Privatliegenschaft an die Eidgenossenschaft und in einer Landschaftsgarten-Inszenierung im Englischen Stil gipfelte. Besonders während der beiden Weltkriege berief man sich gerne auf die Symbolik des Rütlis und des wehrhaften Bauernvolks.

Der Weg der Schweiz führt auf gut angelegtem Weg hinauf nach Seelisberg und zur Marienhöhe vor dem Waldweidli, wo sich ein weiteres Mal eine atemberaubende Sicht auf den Urnersee öffnet. Die Fortsetzung nach Bauen verläuft in etwa auf der Linienführung der Alten Landstrasse von Bauen nach Seelisberg. Bis Mitte des 20. Jahrhunderts war Bauen vom Fahrverkehr ausgeschlossen. Isleten ist der älteste Industriestandort des

Zwischen Bauen und Ängisort/Isleten verlässt die Etappe den Verlauf der alten Landstrasse (siehe Variante Isenthal) und folgt stattdessen der Seestrasse von 1956 und ihren seither bereits wieder ersetzten Teilstücken wie hier nach Isleten.

Kantons Uri. Wo bereits im 16. Jahrhundert eine Anlage zur Gewinnung von Eisen stand, gründete Alfred Nobel im Jahr 1873 eine seiner Sprengstofffabriken. Das dort hergestellte Dynamit wurde für den Bau des Gotthard-Eisenbahntunnels verwendet. Eine weitere Sehenswürdigkeit ist die 1905 errichtete Bergstrasse nach Isenthal, die sich an der steil abfallenden Wand hinauf windet.
Der Weg der Schweiz führt am sehenswerten Schloss A Pro vorbei, bevor er ins Reussdelta abbiegt. Dieses Delta hat es in sich: hier entstand mit dem Aushubmaterial der beiden Tunnel-Grossbaustellen für den NEAT-Basistunnel und die Umfahrung Flüelen eine Seeaufschüttung, die dem Uferschutz dient und mit sechs künstlichen Inseln natürliche Lebensräume für Fauna und Flora entstehen liess. Die neu entstandenen Buchten und Strände mit den Badeinseln «Lorelei» laden zum Verweilen ein. Ein Aussichtsturm gibt Überblick in die Szenerie.

Über Seeuferwege und Axenstrasse
Etappe 2: Flüelen–Brunnen

Dem Urnersee entlang und über die 1865 eröffnete Axenstrassen-Attraktion zur Tellsplatte, der Tellskapelle und nach Sisikon. Aufstieg nach Morschach mit beeindruckender Rundsicht, bevor es nach Brunnen hinunter geht.

- Wanderzeit: 5 h 55 min.
- Flüelen–Sisikon: 2 h 40 min. / Sisikon–Morschach: 2 h / Morschach–Brunnen: 1 h 15 min.
- 1'050 Höhenmeter

War Flüelen schon früh als Hafen und Sust eng mit dem Saumverkehr über den Gotthard verknüpft, so wuchs seine Bedeutung als Warenumschlagplatz mit der Eröffnung der Gotthardstrasse 1830 und der Dampfschifffahrt. Die Eröffnung der Axenstrasse 1865 förderte zudem die touristische Entwicklung. Die 1882 eröffnete Gotthardbahn machte Flüelen bis zum heutigen Tag zu einem Knotenpunkt im regionalen Personenverkehr. Wo früher Postkutschen standen und heute die Postautos warten, startet unsere Etappe auf dem Weg der Schweiz. Von Gruonbach aus geht es in stetigem Auf und Ab über die Wanderweg-Neuanlage von 1991 zu den senkrechten Wänden der Axenflue. Erste Strassenprojekte zur Erschliessung der Axenflue und damit für eine durchgehende Befahrbarkeit der Gotthardstrecke wurden schon 1838 erstellt, doch dauerte es noch beinahe 30 Jahre, bis das Unterfangen gelang.
Von 1912 bis 1928 betrieb der Urner Photograph Michael Aschwanden in einer heute noch sichtbaren Felsenkammer ein «Photoatelier an der Axenstrasse», wo er gegen Bezahlung unzählige Portraits auf der attraktiven Panoramastrasse schoss: Sonntagsausflügler, Handwerker, Arbeiterinnen, Direktoren, Handelsreisende, Wandernde, Automobilisten. Er entwickelte dazu ein Verfahren, das von der Aufnahme bis zur Ablieferung der Bilder nur etwa eine Viertelstunde verstreichen liess. Die Axenstrasse ist seit den 1930er-Jahren sukzessive dem wachsenden Ver-

Der Urner Ingenieur, Unternehmer und Staatsmann Karl Emanuel Müller projektierte an der Axenflue eine derart spektakuläre Linienführung mit attraktiven Felsengalerien, dass die Strasse zu einer der beliebtesten Promenaden im Alpenraum und damit einer wichtigen Sehenswürdigkeit wurde.

kehr angepasst worden. Der Weg der Schweiz weicht bis Sisikon mehrmals auf die vom Strassenverkehr nicht mehr benutzten Verläufe der alten Axenstrasse aus.
Nicht weniger attraktiv, da immer wieder zum Verweilen und Baden einladend, führt der Weg der Schweiz an der Tellskapelle vorbei über eine 1983 neu erstellte Wanderweg-Linienführung nach Sisikon. In direkter Linie aufsteigend gewinnt der Weg anschliessend an Höhe, bis auf Tannen mit 835 m. ü. M der zweithöchste Punkt der gesamten Vierwaldstättersee-Umwanderung erreicht ist.
Das Trassee der 1969 eingestellten Hotelbahn auf den Axenstein leitet von Morschach auf das Gelände des ehemaligen Grand Hotel Axenfels. Die Panorama-Rundsicht lässt erahnen, warum der Axenfels eine solch hohe Anziehungskraft für die Luxushotellerie besass. In gleichmässigem Abstieg erreicht man Brunnen, wo sich der Kreis der Vierwaldstättersee-Umwanderung schliesst.

Ein Wanderausflug war es wert, vom Axenstrassen-Fotografen Michael Aschwanden festgehalten zu werden. Mit Wanderstab, Landeskarte, mit oder ohne Schuhwerk unterwegs in der damals knapp bemessenen freien Zeit.

In der bergseitigen Felswand der Axenflue: die Relikte von Aschwandens «Photostudio an der Axenstrasse» von 1912–1928.

Über die alte Landstrasse ins urtümliche Isenthal

Variante Isenthal (Variante zu Etappe 1)

Von Bauen auf historischem Weg ins Isenthal, Abstieg über den Kretenweg nach Isleten

- Wanderzeit Variante: 2 h 55 min.
- Bauen–Isenthal: 2 h / Isenthal–Isleten: 55 min.
- 400 Höhenmeter
- Wanderzeit Rütli-Isenthal-Flüelen: 7 h 45 min.

Die 1991 miteröffnete Variante des Weges der Schweiz führt über die alte Landverbindung zwischen Nidwalden und Uri, die über Isenthaler Gebiet verläuft. Bis ins 19. Jahrhundert verhinderten die schroff zum See abfallenden Felsbänder einen Durchgang in Ufernähe. Man war gezwungen, nach Isenthal aufzusteigen. Auch der Abstieg von Isenthal Richtung Flüelen galt in früheren Zeiten als anspruchsvoll, führte er doch im Gegensatz zu heute über einige Leiterstufen.

Von Bauen steigt der Weg, die Etappe 1 verlassend, über die landwirtschaftlich genutzten, offenen Flächen oberhalb des Dorfes gegen den Bergwald an. Es folgt eine eindrückliche, massiv gemauerte Gasse, die mit bis zu 1.5 Meter hohen Trockensteinmauern eingegrenzt wird. Gassen dieser Art erleichterten in Zeiten, als das Vieh noch zu Fuss auf die Märkte getrieben wurde, den Durchpass. Denn so konnte ein Ausscheren der Tiere auf die umliegenden Flächen vermieden werden. Die alte Landstrasse steigt anschliessend stetig in der Breite eines saumbaren Weges an. Ist Bärchi als höchster Punkt des Aufstiegs erreicht, folgt ein sanfter Abstieg nach Isenthal.

Das Dorf Isenthal liegt in einem attraktiven Bergtal, das im Gegensatz zu vielen anderen Urner Seitentälern nie zu einem Durchgangstal für den Verkehr wurde und daher viel von seiner Ursprünglichkeit bewahrt hat. Zudem ist Isenthal erst seit 1901 mit einer Fahrstrasse von Isleten her erschlossen – die in steilen, ausgesetzten Kehren aufwärts führende Postautostrecke ist ein Erlebnis für sich.

Der Abstieg nach Isleten entspricht bis Chäppeli dem historischen Verlauf; über dem Felsband, wo früher die

Blick zurück in Richtung Isenthal und auf die bergseitig den Weg abgrenzenden Trockenmauern. Bis zum Bau der Fahrstrasse von Isleten nach Isenthal im Jahre 1901 war dieser Weg die einzige Verbindung zwischen dem Dorf, seinen Berghöfen und Alpen und Isleten/Flüelen.

Frutt-Wegkappelle stand, bricht dieser jedoch ab, wenn auch die Relikte des mit Trockenmauern abgestützten Weges noch erkennbar sind. Wie die Felsstufe in früheren Zeiten gemeistert wurde, kann nur erahnt werden, derart abschüssig ist hier das Gelände. Zudem haben der Strassenbau von 1901 und eine neue Tunnelführung von 1994 für Umgestaltungen gesorgt.

Der heutige Weg führt vom Chäppeli dem Bergrücken entlang direkt nach Isleten hinunter, wobei der Blick auf den Urnersee und das Bergpanorama eine längere Rast verdient. Auf der gegenüberliegenden Seeseite zieht sich die Axenstrasse als schmales Band durch die Felswand. Die Dampfschiffe auf dem Vierwaldstättersee wirken von hier wie winzige Spielzeuge. In Isleten angekommen, ist der Anschluss an die vom Rütli herkommende Etappe 1 des Weges der Schweiz nach Flüelen wieder hergestellt.

Die massiv gemauerte Gasse im Raum Ober Cholrüti. Sie ist, wie ein Grossteil der Isenthaler Etappenvariante, ein Bestandteil der Alten Landstrasse zwischen Nidwalden und Uri.

Vergangene Pracht am Urnersee. Die Aussichtsterrasse weckt nur noch vage Erinnerungen an den einst luxuriösen Fremdenverkehr der Belle Époque in den beiden Morschacher Grandhotels Axenstein (unten) und Axenfels.

Tourismus am Vierwaldstättersee: eine Erfolgsgeschichte

Nach dem Ende der napoleonischen Kriege 1815 wurde der Vierwaldstättersee zu einem der gefragtesten Reiseziele Europas. Bereits 1793 hatte Johann Gottfried Ebel im ersten systematischen Reiseführer zur Schweiz den See «wegen seines pitoresken, romantischen, grossen und schauerlichen Karackters, und der grossen Mannigfaltigkeit in den Nüanzierungen», als Hauptattraktion der Zentralschweiz angepriesen.

Pittoreske Landschaften, romantische Hirtenidyllen und schauerliche Berge und Gletscher in mannigfaltiger Form; das war es, was der Reisende des 18. und 19. Jahrhunderts in der Schweiz sehen wollte. Am Vierwaldstättersee gab es zudem eine Vielzahl nationalgeschichtlicher Erinnerungsorte zu besichtigen, was im Zeitalter der Nationalstaatenbildung besonders interessierte. Orte wie die Rütliwiese oder die Stationen der Tellsage waren mystisch überhöhte Elemente einer touristisch geprägten Swissness, welche die Wahrnehmung der Schweiz im Ausland und das Selbstverständnis der Schweizer Bevölkerung bis heute prägt.

In der Belle Époque gesellten sich zu den naturräumlichen und historischen Sehenswürdigkeiten mit Dampfschiff, Eisenbahn und Bergbahn ingenieurtechnische Attraktionen sowie eine international herausragende Luxushotellerie.

Das gelungene Ensemble dieser Faktoren machte die Landschaft am Vierwaldstättersee, neben Genfersee und Berner Oberland, zur führenden Schweizer Tourismusregion mit internationaler Ausstrahlung, bis der Erste Weltkrieg dem mondänen Tourismus ein bitteres Ende setzte.

Nach einer langen Phase der Stagnation setzte man nach dem Zweiten Weltkrieg auch am Vierwaldstättersee auf Touristen aus Übersee, die meist in Gruppen und nur für kurze Zeit die Region besuchen. Die mehrwöchige Sommerfrische der Belle Époque war damit definitiv passé.

Heute lassen sich auf einer Wanderung entlang des Sees zahlreiche Zeugnisse der Tourismusgeschichte entdecken.

Forscher und Künstler als Wegbereiter des Tourismus am Vierwaldstättersee

Bis ins 18. Jahrhundert war die Zentralschweiz kaum je das Ziel einer Reise, sondern meist nur Durchgangsland für Händler, Pilgerinnen und Reisläufer. Internationale Anziehungskraft hatte lediglich das Kloster Einsiedeln, das seit dem Mittelalter nicht nur Wallfahrtsort, sondern auch Etappenort am Jakobsweg nach Spanien war. Jakobspilger besuchten nach Einsiedeln oft auch die Wallfahrtskapelle Maria Sonnenberg in Seelisberg, um danach entlang des Vierwaldstättersees weiter zur Einsiedelei des Niklaus von Flüe in Flüeli-Ranft zu wandern. Oft wurde die Pilgerreise mit dem Besuch lokaler Bäder oder Sehenswürdigkeiten kombiniert. Die Kombination von Wallfahrt und Badefahrt war auch am Vierwaldstättersee ein Ausgangspunkt der späteren touristischen Erfolgsge-

Die Kapelle in Rigi Klösterli wurde nach ihrem Bau 1688 zu einem beliebten Wallfahrtsort. 1805 gab es hier bereits vier Gasthäuser und damit ideale Voraussetzungen für den aufkommenden Aussichtstourismus.

Auf den Spuren der ersten Forschungsreisenden. Berggänger mit Fernrohr, Zeichenmappe und Botanisierbüchse auf dem Pilatus. Xaver Schwegler, um 1855.

schichte. So sollen auf der Rigi, wo sich das Wallfahren bereits früh mit Badefreuden kombinieren liess, im 18. Jahrhundert jährlich 15'000 Wallfahrende die Kapellen in Klösterli und Kaltbad besucht haben. Ihre Bedürfnisse nach Verpflegung und Obdach legten den Grundstein für die spätere Entwicklung der Rigi als Tourismusort, warben doch bereits 1805 allein in Rigi-Klösterli vier Gasthäuser um die Gunst der Reisenden.

Die Entdeckung der Schweiz als Reiseziel begann mit der Aufklärung. Bereits im 16. Jahrhundert hatten einzelne Naturforscher wie Botaniker oder Geologen zu Forschungszwecken die Alpen bereist und erste Gipfel in den Voralpen erklommen. Ihre Forschungsreisen hatten Pioniercharakter, aber noch keine Breitenwirkung. Für die Region Vierwaldstättersee von besonderer Bedeutung war der vielbeachtete Reisebericht des Gelehrten Conrad Gessner über seine Pilatus-Besteigung von 1555.

Die Berichte der Naturforscher bewirkten allmählich eine Entmystifizierung und Versachlichung der Berge, auf der die nachfolgenden Bildungsreisenden aufbauten.

Eine besondere Rolle fiel dabei einem Relief des Luzerner Kartografen Franz Ludwig Pfyffer von Wyher zu. 1762 als wirklichkeitsnahes Abbild der Urschweiz geschaffen, wurde es umgehend zur Attraktion der ersten Reisenden in Luzern. Auch Johann Wolfgang von Goethe, der 1779 auf der Durchreise in Luzern übernachtete, soll sich kaum für die Stadt, aber umso mehr für dieses Relief interessiert haben.

Die Rigi als Mittelpunkt der (Tourismus)welt. 1822 liess Heinrich Keller seinem ersten Rigi-Panorama von 1815 diese zirkumpolare Rundkarte der Rigi folgen.

Frühes Bild einer Reisegesellschaft um 1785 in der Drachenhöhle bei Stans, wo Ritter Heinrich von Winkelried einen Lindwurm besiegt haben soll. Obwohl von der Wissenschaft entzaubert, blieben solche Orte faszinierende Sehenswürdigkeiten. Druckgrafik von Caspar Wolf.

Den Forschern und Gelehrten folgten junge Adelige und Grossbürger, die im Rahmen ihrer humanistischen Ausbildung Europa auf einer «Grand Tour» bereisten. Die Schweiz durchquerten diese ersten «Touristen» anfangs meist nur, um das Hauptziel ihrer Reisen, die antiken Stätten Italiens, zu erreichen. Auf ihrer Durchreise besichtigten sie vorab die historischen Stätten der Schweiz, aber auch Naturschönheiten wie die Rigi.
Den nachhaltigsten Beitrag zur touristischen Entdeckung der Schweizer Bergwelt leisteten allerdings die Künstler. Besonders die idealisierenden Darstellungen der Schweiz in Jean-Jacques Rousseaus Roman «Julie ou la Nouvelle Héloïse» bewirkten einen tiefgreifenden Wahrnehmungswandel. Die Alpen waren nun nicht mehr ein unwirtlicher Ort des Schreckens, sondern eine Hirtenidylle.
Als Hort der Eidgenossenschaft verkörperte der Vierwaldstättersee zudem weit mehr als andere Regionen der Schweiz das Ideal von politischer Freiheit und Selbstbestimmung. Die Suche nach dem ursprünglichen Natur-

▲ *Der Vierwaldstättersee. Hirtenidylle und Hort der Freiheit nach Alexandre Calame 1851.*

idyll und Hirtenvolk wurde für viele Bildungsbürger des 18. Jahrhunderts zum primären Motiv einer Reise an den Vierwaldstättersee.

Neben Forschern und Schriftstellern lenkten besonders die Maler den Blick auf die Schönheiten der Bergwelt und setzten sie ästhetisch und romantisierend in Szene. 1815 erstellte der Zürcher Heinrich Keller ein pittoreskes Rigi-Panorama, das in ganz Europa grosse Verbreitung fand. Panoramen waren zwar primär Orientierungshilfen, sie sollten aber auch die Vorfreude wecken, bei schlechtem Wetter für eine verpasste Aussicht entschädigen und nach der Reise die Erinnerung an das Bergerlebnis wach halten. Nun setzte eine wahre Bilderindustrie ein. Kleinmeister-Darstellungen gelangten als handliche und erschwingliche Druckgrafiken in Umlauf. Dioramen setzten als überdimensionale Guckkästen in den grossen Städten Europas die Schweizer Bergidylle für ein grosses Publikum in

Szene. Ihnen folgten Mitte des 19. Jahrhunderts grosse Ölbilder, welche die Landschaft rund um den Vierwaldstättersee heroisierten und theatralisch übersteigerten. Bekannteste Beispiele sind neben den Bildern des Genfers Alexandre Calame die Werke des englischen Malers Joseph Mallord William Turner, der den Vierwaldstättersee im Laufe von vierzig Jahren mehrmals besuchte und dessen Bilder europaweite Verbreitung fanden.

Die Entdeckung der Schweizer Alpenwelt durch Literaten und Maler von Weltruf hatte für das Reiseland Schweiz einen ungeheuren Multiplikatoreffekt. Eine ähnliche Wirkung hatten die Ansichtskarten, die sich ab den 1870er-Jahren grosser Beliebtheit erfreuten und von den Reisenden europaweit verschickt wurden. Allein zur Rigi entstanden bis 1930 rund 5000 verschiedene Ansichtskarten, von denen einige in einer Millionenauflage gedruckt wurden.

Nur ein Beispiel unter Tausenden. Ansichtskarte für Schreibfaule mit allen Rigi-Attraktionen auf einen Blick.

Werbeträger Wilhelm Tell

Friedrich Schiller hat den Vierwaldstättersee nie gesehen. Und dennoch verführte sein Drama «Wilhelm Tell» mehr Reisende zu einer Tour ins Herz der Schweiz als jeder Reisebericht.

Die Uraufführung in Weimar 1804 zeigte als Bühnenbild eine landschaftliche Idylle mit lieblichen Matten, schroffen Felswänden und verschneiten Bergspitzen – wie dazu gemacht, das Fernweh nach der Bergidylle zu wecken. Schiller sprang damit auf einen Zug auf, der sich bereits in Fahrt befand, nun aber eine ungeahnte Beschleunigung erfuhr. Freiheitlich gesinnte Bürger erhoben den Vierwaldstättersee definitiv zum Hort der republikanischen Freiheit und zum idyllischen Refugium.

Hunderte von Reisenden besuchten die Orte des Dramas am Urnersee und in Küssnacht. Der Mythos wirkte derart stark, dass sich ihm selbst Monarchen wie Queen Victoria oder Ludwig II von Bayern nicht entziehen konnten.

Besonders die märchenhaft überspannten Inszenierungen des Tell-Dramas durch den König von Bayern, selber ein Idol des romantischen Zeitalters, fanden europaweit Beachtung. Er hatte dazu 1881 eigens das Dampfschiff «Waldstätter» gemietet, um kreuz und quer an diversen Schauplätzen am Vierwaldstättersee einen Schauspieler, begleitet von Alphornklängen und manchmal sogar des Nachts, aus Schillers Drama rezitieren zu lassen.

Die Besuche des bayrischen Märchenkönigs stiessen bei den republikanischen Innerschweizern auf ein erstaunlich positives Echo. Wo des Königs Dampfer Halt machte, waren die Gestade gesäumt von Schaulustigen, die einen Blick auf den extravaganten Gast erhaschen wollten.

Der Kanton Uri ging gar soweit, dem König das Ehrenbürgerrecht erteilen zu wollen, was jedoch vom Bundesrat verweigert wurde, weil dies nur bei Verzicht auf das bisherige Bürgerrecht möglich sei, was von einem amtierenden König wohl kaum erwartet werden könne.

Das erste Gasthaus auf Rigi Kulm um 1820.

Die Rigi: vom Modellberg zum Schandfleck

An der Wende zum 19. Jahrhundert folgten den Pilgern, Gelehrten und Künstlern mehr und mehr begüterte Vergnügungsreisende, die am Vierwaldstättersee Genuss und Erholung suchten. Die neue Ära des Vergnügungs- und Aussichtstourismus begann hier 1816, als auf Rigi-Kulm das erste Berggasthaus der Schweiz und in Küssnacht mit dem «Goldenen Adler» das erste Aussichtshotel am Vierwaldstättersee eröffnet wurden.
Das neue Berggasthaus auf Rigi Kulm hatte Vorbildcharakter über die Region hinaus: seinem Beispiel folgend baute man 1823 im Berner Oberland ein Gasthaus auf dem Faulhorn, gefolgt von der Kleinen Scheidegg, dem Brienzer Rothorn und ersten Walliser Bergunterkünften.
Trotz ihrer geringen Höhe bot die Rigi den Reisenden mit ihrem Panorama und dem abwechslungsreichen Aufstieg ein echtes Berg-Feeling. Zu Fuss oder auf Reittieren und

Tragsesseln gelangten sie, begleitet von Führern und Trägern, über gut ausgebaute Wege von Arth und Weggis nach Rigi Kulm. Von hier aus konnten sie bequem und aus sicherer Distanz die schneebedeckten Hochalpen bewundern, denen noch immer eine unnahbare und gefährliche Aura anhaftete.

Ein Ausflug zur Rigi mit einer Bergübernachtung und dem Miterleben des Sonnenaufgangs, begleitet von Alphornklängen und mit Blick auf die idyllische Berg- und Seenlandschaft der Zentralschweiz, gehörte fortan zum Kanon jeder Schweizerreise und wurde zum touristischen Urerlebnis. Begeisterte Reiseberichte förderten diese Entwicklung. Die Rigi wurde europaweit zum Modellberg oder wie es Joseph Businger 1811 formulierte: «Der Rigi-Berg ist gerade so, wie man sich alle Gebirge der Alpenwelt wünschen möchte.»

Ein touristisches Urerlebnis: Sonnenaufgang auf der Rigi um 1870 und heute.

Was die Reisenden auf der Rigi erlebten, prägte das touristische Bild und die Aussenwahrnehmung der Schweiz bis heute.

«Der Rigiberg ist heut zu Tage ein so allgemein europäischer Wallfahrtsort geworden», schrieb Joseph Businger 1833, «dass von den meisten die Schweiz besuchenden Fremden dessen Besteigung zum angelegensten Zielpunkt ihrer Wanderung und zum besonderen Gegenstand ihrer Huldigung gemacht wird.» Die Rigi war zum Symbol der damaligen Schweiz und zur Schrittmacherin eines kommerziellen Aussichtstourismus geworden.

Innert kurzer Zeit stieg die Zahl der Rigi-Besucher sprunghaft an. Anstelle der 300 Bergbegeisterten von 1815 pilgerten in den 1850er-Jahren jährlich bereits um die 40'000 zum Gipfelerlebnis. «An schönen Tagen werden von Karavanen der Auf- und Niedersteigenden die Haupt-

wege des Berges belebt. Die sonst einsamen Alpen gleichen dann einem weiten Lustgarten in der Nähe irgend einer grossen Hauptstadt», berichtete Heinrich Zschokke 1836. «Dies bunte Getümmel, der hier entfaltete Luxus, das fröhliche Umhertreiben reicher Familien der verschiedensten Nationen» habe einen Franzosen gar auf die Idee gebracht, auf der Rigi ein Casino zu eröffnen, was von der Schwyzer Regierung jedoch als «Entweihung des Heiligthums» abgelehnt worden sei.

Möglich war dieser Besucheranstieg nur dank eines Ausbaus der Transport- und Hotelinfrastruktur. Nach dem Bau neuer Kurhotels in Kaltbad 1835 und in Scheidegg 1840 ersetzte man 1847 auch auf Rigi-Kulm das kleine Gasthaus durch einen Steinbau mit Platz für 130 Personen. Überdachte Aussichtstürme und der fixe Einbezug ins Hotelangebot gaben dem Erlebnis des Sonnenaufgangs fortan eine streng ritualisierte Form. Die Rigi entwickelte sich zu einem geschäftigen, ruhelosen Ort mit internationalem Flair.

Die Hotelbetriebe waren nach modernsten Standards städtischer Hotels eingerichtet und boten neben Gesellschaftsräumen, Musik-, Lese- und Billardzimmer, die schon früh mit Gasbeleuchtung ausgestattet waren, auch kurärztliche Betreuung, täglich neue ausländische Zeitungen, Post- und später Telegrafiebüros.

Dieser Komfort verblüffte viele Reisende, zumal geeignete Zufahrtsstrassen fehlten. «Beim Abendmahl aber wurde wirklicher Aufwand getrieben, indem nicht nur alle der Jahreszeit angemessenen Braten, Salate, Früchte, sondern auch frische Fische und andere derartige, schwer transportable Leckerbissen aufgetischt wurden. Dass es unter diesen Umständen nicht an Weinen fehlte, versteht sich von selbst, und gleich beim Beginn des Essens knallten die Champagnerpfropfen zu Ehren der schönen Natur», beschrieb Auguste von Littrow 1846 die Table d'hôte auf Rigi-Kulm, die wegen der vielen Gäste in mehreren Schichten abgehalten werden musste. Das Naturerlebnis sei bei vielen Besuchern nur noch von zweitrangiger Bedeutung: «Überall, wohin man sich wandte, standen Gruppen von Leuten, die sich über den Anzug dieser

▲ *Die Rigi als Casino und Rummelplatz – hier zwischen 1920 und 1940 auf Rigi-Kulm.*

Dame, bald über das mutmassliche Vaterland jenes Herrn unterhielten, mit Lorgnons [= Brillen mit Stiel] die Ankommenden musterten und Geschrei und Gelächter weithin erschallen liessen. Eine Gesellschaft neben uns verliess den Gipfel, ehe die Sonne untergegangen war, weil sie überlegt hatte, dass später vielleicht die Plätze an der Table d'hôte besetzt seien könnten.»

Frau von Littrow war mit ihrer Kritik nicht allein. Am bekanntesten ist wohl der ironisch-sarkastische Reisebericht Mark Twains, der das Bild der durchfrorenen, den Aufgang der Sonne erwartenden Rigi-Reisenden als «einer der traurigsten Anblicke, die mir je unter die Augen gekommen ist», beschreibt.

Sunrise and Sunset on the Rigi. Eine von zahlreichen Karikaturen zum Rigirummel.

Aller kritischen Reiseberichte zum Trotz liessen neue Pauschalreise-Angebote, wie etwa diejenigen des englischen Reisepioniers Thomas Cook, der 1863 erstmals eine Reisegruppe durch die Schweiz und auf die Rigi führte, sowie die bahntechnische Erschliessung die Zahl der Rigireisenden weiter ansteigen. Die Eröffnung der Zahnradbahn Vitznau–Rigi-Kulm 1871/73 bescherte der Rigi einen gewaltigen Besucheransturm. Bereits 1874 transportierte sie über 100'000 Fahrgäste zur Rigi. Bis zum Ersten Weltkrieg konnte sie zusammen mit der Arth-Rigi-Bahn die Transportzahlen auf 200'000 Personen pro Jahr verdoppeln.

Mit dem Ausbau der Transportkapazitäten einher ging eine markante Erhöhung der Bettenzahl. Auf Rigi-Kulm entwickelte sich eine ungesunde Konkurrenz zwischen dem Hotel First der Regina Montium AG und dem 1875 eröffneten Hotel Schreiber, das mit seinem wuchtigen Bau den Berg dominierte. 1879 erlangten die Gebrüder Schreiber mit dem Konkurs der Regina Montium AG das Hotel-

Mit der Zahnradbahn schossen nicht nur in Rigi-Kaltbad die Besucherzahlen in die Höhe. Rudolf Dikenmann um 1880.

monopol auf Rigi Kulm. Mit 1000 Gästebetten auf Rigi Kulm, Klösterli und Staffel waren sie nun die Könige der Rigi. Trotz des grossen Rummels kamen die Touristen in ungebremst grosser Zahl: Allein auf Rigi Kulm übernachteten 1875 um die 15'000 Gäste. Der Boom war derart immens, dass die Rigi Ende des 19. Jahrhunderts die höchste Beherbergungsdichte im gesamten Alpenraum aufwies.
1880 liess Alphonse Daudet seinen Tartarin de Tarascon zur Rigi aufsteigen, wo Nebel den Gipfel «mit seinem Riesenhotel einhüllte, das auf der kahlen Höhe droben sich so sonderbar ausnimmt, reich befenstert wie eine Sternwarte, massiv wie eine Zitadelle, und wo auf einen Tag und eine Nacht die reisenden Sonnenanbeter sich zusammenfinden, wichtigtun und sich gegenseitig langweilen.»
Daudets Tartarin sprach vielen Bergfreunden aus dem Herzen. Die Erschliessung der Rigi mit einer städtisch anmutenden Infrastruktur hatte den Berg zwar zu einem Vorbild der europäischen Hotellerie gemacht, gleichzeitig aber die Bergidylle nachhaltig zerstört.

Seit seiner Gründung 1905 hatte der Schweizer Heimatschutz die riesigen Hotelbauten der Belle Époque als Landschaftsverschandelung gegeisselt. Die Krise der Schweizer Hotellerie im Ersten Weltkrieg leistete seiner Kritik Vorschub. 1934 waren die Gästebetten auf Rigi Kulm noch zu knapp 20 Prozent ausgelastet. Die Einwände des Heimatschutzes gingen im Zweiten Weltkrieg in eine fundamentale Kritik an den halbleer stehenden Hotelkästen über. Mit dem Abbruch der Hotels auf Rigi-Kulm in den 1950er-Jahren und dem Ersatz mit einem kargen Hospizbau statuierte der Heimatschutz ein Exempel gegen die Verschandelung der Natur durch mondäne Hotelbauten. Hinter dieser Säuberungsaktion, der weitere Hotels am Vierwaldstättersee zum Opfer fielen, verbarg sich auch eine der geistigen Landesverteidigung geschuldete Rückbesinnung auf traditionelle Schweizer Werte.

Das Grandhotel Schreiber auf Rigi-Kulm – eine monströse Zitadelle des Belle Époque-Tourismus' um 1880.

Sommerfrische und Kur: Urlaub im 19. Jahrhundert

«Die Arbeit der heutigen Generation ist kräftezehrend und aufreibend». Was ein Beschrieb unserer rastlosen Gesellschaft des 21. Jahrhunderts sein könnte, stammt in Tat und Wahrheit aus einem Prospekt des Grandhotels Sonnenberg in Seelisberg von 1896. Im Sonnenberg kannte man nicht nur die Gründe für die steigende Zahl von Kranken und Schwachen, nämlich die «volksreichen Städte mit sonnenarmen Gassen und eingeschränkten Wohnräumen, [...] das alltägliche abtödtende Einerlei, [aber auch die] aufregenden Genüsse und Zerstreuungen», sondern auch ein Gegenmittel: Um «Leib und Seele gesunden und neugestärkt in's gewohnte Alltagsleben zurückkehren» zu können, sei eine mehrwöchige Sommerfrische in der lieblichen Landschaft des Vierwaldstättersees das ideale Mittel.

Das Grandhotel Sonnenberg in Seelisberg war ab den 1870er-Jahren ein gut besuchter Ort der Sommerfrische.

Das Grandhotel Sonnenberg war einer von zahlreichen Hotelbetrieben entlang des Vierwaldstättersees, die ihr Angebot im Laufe des 19. Jahrhunderts mit kurmedizinischen Therapien ergänzten, um sich dem wachsenden Bedürfnis der Gäste nach Erholung und Gesundheit anzunehmen.
In ganz Europa stieg die Zahl derjenigen, die unter den Nebenwirkungen von Industrialisierung und Verstädterung litten. Atemwegserkrankungen, Schwindsucht und Blutarmut, aber auch Nervenkrankheiten und Zirkulationsstörungen waren auf dem Vormarsch.
Wer es sich leisten konnte, versuchte seine körperlichen Beschwerden in Luft- und Kuranstalten zu mildern, die in grosser Zahl in den Alpen und Voralpen entstanden, wo man auf die Heilkraft der frischen Alpenluft, des Quell- und Thermalwassers, der Kräuter und der Milch zählte. Die Bergwelt, die man noch bis weit ins 18. Jahrhundert als unbewohnbar und gefährlich erachtet hatte, erfuhr damit eine neue Wertschätzung.
Im Zuge dieser Entwicklung entstanden vielerorts aus kleineren Bädern und Gaststätten, die bisher nur von der lokalen Bevölkerung besucht worden waren, ganze Kurzentren mit Kurhotels, Badehäusern, Therapiezimmern und Trinkhallen, wo die Gäste mehrmals täglich Milch oder Molke tranken. Grosszügig gestaltete Parkanlagen und Promenaden mit Spazierwegen, Ruhebänken und Aussichtspavillons sollten die Gäste möglichst oft zu Spaziergängen an der frischen Luft animieren.
Ein Kuraufenthalt dauerte in der Regel mehrere Wochen bis Monate und war dank der internationalen und gehobenen Gästeschar stets auch ein gesellschaftliches Erlebnis.
Schon früh hatte man auf der Rigi auf den neuen Trend reagiert. «Das Baden auf der Rigi wird Mode», berichtete Carl Victor von Bonstetten bereits 1803. Man sei hier «ausserordentlich munter und lustig; [...] man tanzt, man liest; man badet; man spaziert». Kurz: «Sie führen da oben ein Götterleben.» Im Laufe des 19. Jahrhunderts entstanden auf der Rigi in Kaltbad, Klösterli und Scheidegg grosse

JOSEPH ANTON DÖRIG
IN
APPENZELL
(SUISSE.)

FABRIKANT von Broderien & Gardinen.	FABRICANT des broderies et des rideaux.
Gardinen-Muster werden auf Verlangen zur Ansicht nachgesandt	Échantillons des rideaux enverront après à désir.
MAGAZIN für Mineralien, Achatwaaren & ALTERTHÜMER,	MAGASIN des mineréaux, antiquités et des marchandises d'achat.

vom Juni — October im
Rigi Kaltbad

RIGI-BAHN
6354 VITZNAU

Vor- und Rückseite der Visitenkarte des Appenzeller Tuchfabrikanten Joseph Anton Dörig, der in den 1870er-Jahren sein Geschäft während der Sommerfrische nach Rigi-Kaltbad verlegte, wo es offenbar nicht an Kunden mangelte.

Hotelbetriebe mit städtischem Standard und kurtouristischem Angebot für Molken-, Milch-, Heilwasser- und Luftkuren unter ärztlicher Aufsicht.

In den 1860er-Jahren eröffneten mit der Wasserheilanstalt Schöneck bei Emmetten und dem Grandhotel Sonnenberg in Seelisberg zwei weitere grosse Kurbetriebe, die sich mit neuartigen hydrotherapeutischen Verfahren einen internationalen Ruf in der Behandlung von Lungenleiden, Blutarmut, Herzleiden, Schlaflosigkeit und depressiven Erkrankungen erwarben. Treibende Kraft hinter beiden Betrieben war der Seelisberger Gastwirt und spätere Urner Regierungsrat Michael Truttmann, der die Möglichkeiten des Bade- und Kurgeschäfts früh erkannt hatte. Dabei konnte er auch auf die Kenntnisse seiner Frau Lina Borsinger zählen, deren Eltern im aargauischen Kurort Baden einen Hotelbetrieb führten.

Promenaden, Aussichtspavillons, Wasserspiele, frische Bergluft und fröhliche Gesellschaft. Das Angebot der Wasserheilanstalt Schöneck bei Emmetten umfasste weit mehr als medizinische Therapien. Aquatinta von A. d'Aujourd'hui um 1880.

Damen-Douche im Badetrakt und Damensalon im Kurhotel. Impressionen aus dem Prospekt der Wasserheilanstalt Schöneck von 1909.

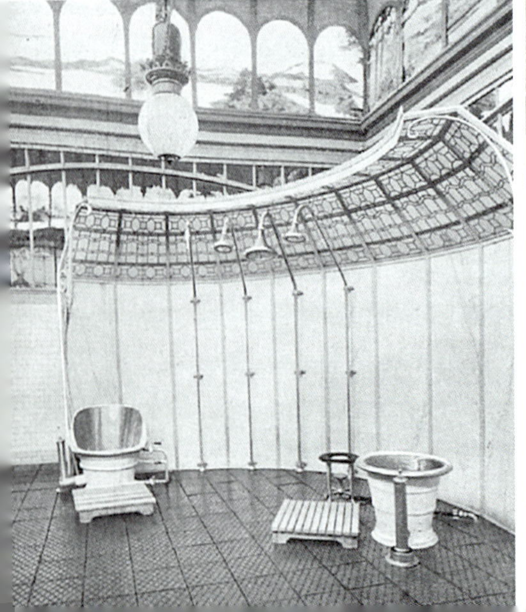

Das Kurangebot in Schöneck, das sich bisher auf Trinkkuren mit Ziegenmilch und Molke, Molkenbäder und kalte Duschen beschränkt hatte, wurde ab 1870 nach dem neuesten Wissensstand der Medizin stark ausgebaut.
Neben einem Badetrakt mit Wannen-, Wellen-, Dampf- und Luftbädern sowie einem Solbad mit Rheinfelder Lauge boten neueste pneumatische Apparaturen Abhilfe bei Atemwegserkrankungen. Kohlesäurebäder und elektrische Bäder, bei denen die Gäste im Badewasser einem schwachen Wechselstrom ausgesetzt wurden, versprachen Linderung bei Nervenleiden und Schlaflosigkeit. Die für den Betrieb der Apparaturen und die Beleuchtung nötige Stromversorgung garantierte ein hoteleigenes Wasserkraftwerk.
Schöneck und Sonnenberg beherbergten in den Sommermonaten mehr als 500 Gäste. Nicht zuletzt dank ihnen, aber auch dank einer Vielzahl kleinerer Kurhotels genoss die Landschaft am Vierwaldstättersee bis zum Ende der Belle Époque als Ort der Erholung und beliebte Sommerfrische ein internationales Renommée.

Nur eins von vielen Angeboten zur Sommerfrische am Vierwaldstättersee: Werbung für das Hotel Bellevue in Weggis.

▲ ▼ *Gästetransport gestern und heute – auf der Rigi und in Luzern.*

Wege und Strassen für die Gäste

Die Entwicklung des Fremdenverkehrs steht in enger Wechselwirkung mit dem Ausbau der Verkehrsinfrastrukturen. Den Beginn machte der Weg- und Strassenbau. Die Erweiterung von Fuss- und Karrwegen zu breiten, für den Kutschenbetrieb geeigneten Fahrstrassen war ab den 1820er-Jahren eine zentrale Voraussetzung für den Ausbau des Post- und Reiseverkehrs.
Umgekehrt entstanden viele Strassen erst dank des Fremdenverkehrs. So auch am Vierwaldstättersee: Angesichts der wachsenden Rigibegeisterung liess der Kanton Luzern in Weggis 1818–1820 den schmalen Bergweg zur Rigi zum befestigten Weg ausbauen. Andere Gemeinden zogen nach, so dass bis 1840 die meisten Wege zur Rigi mit Saum- und Lasttieren beschritten werden konnten. Die Investitionen zahlten sich aus: der Besucherstrom zur Rigi nahm merklich zu und verschaffte Schiffleuten, Trägern und Führern zusätzlichen Verdienst.
Nur wenig später spielte sich am Pilatus Ähnliches ab. 1856–59 liess hier der Nidwaldner Hotelier, Unternehmer und Politiker Kaspar Blättler ab Hergiswil einen Touristenweg zum Klimsen bauen, wo er 1860 das Gasthaus Klimsenhorn eröffnete. Hier stärkten sich die Reisenden für den letzten Wegabschnitt Blättlers, der sie durch einen engen Felsdurchstieg, dem Chriesiloch, zum Pilatusgipfel führte. Bereits 1861 zogen die Obwaldner mit der Eröffnung eines durchgehenden Weges von Alpnachstad zum Pilatus und des Gasthauses Bellevue auf Pilatus-Kulm nach. Der Fremdenverkehr zum Pilatus war lanciert.
Spektakuläre Wegabschnitte wie das Chriesiloch beim Pilatus oder das Felsentor am Weggiser Rigiweg trugen massgeblich zur Attraktivität der Touristenwege bei.
Noch einen Schritt weiter ging Franz Josef Bucher-Durrer auf dem Bürgenstock. 1905 eröffnete er hier als Glanzpunkt seiner Hotelanlagen einen Felsenweg als schwindelerregende Promenade hoch über dem Vierwaldstättersee. Zusammen mit dem in ganz Europa als technisches Wunder gefeierten Hammetschwandlift sollte die neue

Vor dem Ausbau für Saumtiere führten die Wege zur Rigi stellenweise über Leitern.

Das Chriesiloch zwischen Klimsen und Pilatusgipfel trägt seinen Namen zu Recht: der Durchstieg durch den Felskamin ist eng und spektakulär.

Der Felsenweg auf dem Bürgenstock bildete mit dem Hammetschwandlift ein einmaliges touristisches Ensemble, das Gäste aus ganz Europa anzog.

Attraktion mithelfen, die Gästezahlen seiner Hotels noch mehr zu steigern. Seine erfolgreiche Geschäftsidee stiess rasch auf Nachahmer, wie etwa auf Rigi First, wo man 1911 ebenfalls einen Felsenweg eröffnete.
Die Rolle des Hoteliers als treibende Kraft hinter Infrastrukturbauten war zentral. Nicht wenige von ihnen erstellten auf eigene Kosten Zufahrtsstrassen zu ihren Hotels und trugen damit auch zur Verkehrserschliessung der Dörfer bei. So etwa in Seelisberg, wo der Besitzer des Hotels Sonnenberg, Michael Truttmann, 1870 eine Fahrstrasse bis nach Emmetten finanzierte und kurz darauf die Eröffnung einer Verbindungsstrasse zur Schiffstation Treib vorantrieb, um seinen Gästen eine schnelle und bequeme Anreise zu ermöglichen. Auch auf dem Bürgenstock erstellte Franz Josef Bucher-Durrer zuerst eine Zufahrtsstrasse ab Stansstad, bevor er 1873 das erste Hotel eröffnete. Bei Flüeli-Ranft investierte Franz Hess, der Besitzer des Hotels Nünalphorn (heute das Pax Montana), sein Geld in den Bau einer Holzbrücke über die Melchaa, um sein Hotel für Kutschen erreichbar zu machen.
Wie sehr die Technik- und Fortschrittsbegeisterung des 19. Jahrhunderts das Reiseverhalten der Touristen beeinflusste, zeigt sich exemplarisch an der Axenstrasse. Sie war 1865 nicht aus touristischen, sondern aus handelspolitischen Motiven eröffnet worden, um die Gotthardroute durchgehend befahrbar zu machen. Die technische Kühnheit ihrer Linienführung mit Galerien, Tunnels und Felspassagen machte die Strasse dann aber in kurzer Zeit zu einer der beliebtesten Promenaden im Alpenraum.

Als schnellster Lift Europas war der Hammetschwandlift eine ebenso grosse technische Attraktion wie das Luftschiff «Ville de Lucerne», mit dem man ab 1910 Rundflüge über dem Vierwaldstättersee unternehmen konnte.

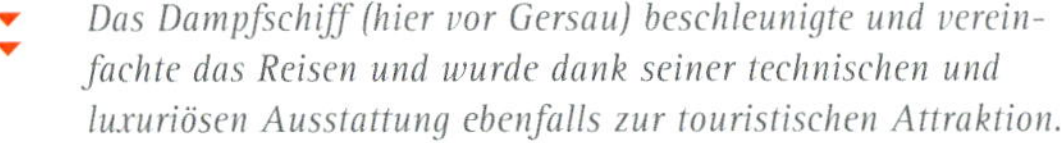

Das Dampfschiff (hier vor Gersau) beschleunigte und vereinfachte das Reisen und wurde dank seiner technischen und luxuriösen Ausstattung ebenfalls zur touristischen Attraktion.

Bürgenstock. Der Lift mit Ballon

J. Weber

Fremdenverkehr unter Dampf: Eisenbahn und Dampfschiff

Mit Dampfschiff und Eisenbahn schoss die Zahl der Touristen am Vierwaldstättersee in die Höhe. Nach einem vergleichsweise späten Start entwickelte sich die hiesige Dampfschifffahrt dank dem zügigen Aufbau einer auf den Reisekomfort ausgerichteten Flotte rasch zum Vorbild der touristischen Schifffahrt Europas.

1850 verkehrten vier Dampfschiffe zweimal täglich in nur drei Stunden zwischen Luzern und Flüelen mit Zwischenstationen in Weggis, Beckenried, Gersau und Brunnen. Damit rückten auch die bei den Touristen beliebten Stationen der Tellsage am Urnersee in bequem erreichbare Nähe. Dass der Tourismus zum bestimmenden Faktor der Dampfschifffahrt geworden war, zeigte 1872 die Inbetriebnahme der zwei luxuriösen Salonschiffe Germania und Italia. Sie konnten mit einer Kapazität von 750 Passagieren nicht nur weit mehr Reisende transportieren als die früheren Schiffe, sondern verfügten auch über elegante Salons, in denen Gastrobetriebe auf Hotelniveau für das leibliche Wohl der Fahrgäste sorgten. Innerhalb von nur zwölf Jahren erlebte die Vierwaldstättersee-Dampfschifffahrt bis 1881 nahezu eine Verdoppelung der jährlichen Transportzahlen auf 830'000 Passagiere. Mit der grössten Raddampferflotte Europas ist die Vierwaldstättersee-Dampfschifffahrt auch heute noch ein wichtiger Faktor der Tourismusindustrie. Denn als Zeugen einer längst vergangenen Zeit des luxuriösen Reisens sind die Raddampfer längst selber zur touristischen Attraktion geworden.

Die wohl grösste Veränderung im Schweizer Fremdenverkehr bewirkte der Anschluss der Schweiz an das internationale Eisenbahnnetz Mitte des 19. Jahrhunderts. Die Eisenbahn machte das Reisen billiger, einfacher und bequemer. Wer über etwas Geld verfügte, konnte nun auf angenehme Weise zum Vergnügen reisen. Breite Kreise des Bürgertums, die vorher kaum gereist waren, nutzten das neue Verkehrsmittel, so dass man von einer Demokratisierung des Reisens sprechen kann.

Nach der Eröffnung der Bahnlinien Basel–Luzern 1859 und Zürich–Luzern 1864 begann am Vierwaldstättersee eine touristische Blütezeit, die sich etwa im Bau zahlreicher palastartiger Hotelbetriebe zeigte. Einen spürbaren Anstieg der Gästefrequenzen bewirkte 1882 auch die Eröffnung der Gotthardbahn, die nicht nur Tourismusorte wie Brunnen oder die Rigi schneller erreichbar machte, sondern als bahntechnische Meisterleistung auch selbst zur touristischen Sehenswürdigkeit wurde. Unter touristischen Gesichtspunkten ist auch die Eröffnung der Brünigbahn 1888 zu sehen, sollte sie doch die Tourismuszentren des Berner Oberlandes und des Vierwaldstättersees besser verbinden und so zur Steigerung des Fremdenverkehrs beitragen.

Die Eisenbahn als Sehenswürdigkeit in einem technikbegeisterten Zeitalter. Ansichtskarte zur 1882 eröffneten Gotthardbahn.

Technik erobert den Berg. 1889 am Pilatus (links) und vier Jahre später am Stanserhorn (rechts).

Bahnen für Touristinnen, Hotelgäste und Sportler

Die bahntechnische Erschliessung der Schweizer Bergwelt nahm 1871 ihren Anfang mit der Eröffnung der Zahnradbahn von Vitznau nach Rigi-Staffel und ihrer Verlängerung zum Rigi-Gipfel 1873. Die Bahn machte das Rigi-Panorama zum bequem erfahrbaren Konsumgut. Bahn- und Naturerlebnis verschmolzen zu einem technisch-kulturellen Ensemble, das die Besucherzahlen hochschiessen liess und bis 1914 weltweit vielfach kopiert wurde. Die Bahn rückte die Rigi näher an die städtischen Zentren und machte sie für Tagesausflügler erreichbar.
Eine erneute Steigerung erfuhr der Bergbahnboom 1889 mit der Eröffnung der Pilatusbahn, die den Titel der steilsten Zahnradbahn der Welt für sich beanspruchen konnte. Mit ihrer Kühnheit inspirierte sie weitere Bahnprojekte, wie etwa am Stanserhorn, wo der Hotelier und Unterneh-

Ein Scheinwerfer auf dem Stanserhorn – nur eine von vielen Marketingideen zur besseren Vermarktung des Ausflugbergs. Werbeplakat von 1939.

mer Franz Josef Bucher-Durrer 1893 als direkte Antwort auf die Pilatusbahn eine Standseilbahn mit neuartigem Bremssystem und elektrischem Betrieb samt einem Hotelbetrieb auf dem Gipfel eröffnete.
Mit dem Bau von knapp 20 Bahnen erreichte die Schweiz bis zum Ersten Weltkrieg die weltweit höchste Dichte an Zahnradbahnen. Eine Vielzahl weiterer Projekte blieb unverwirklicht, weil sich gegen die technische Erschliessung der Alpengipfel zunehmend Widerstand formierte. Am Vierwaldstättersee bewirkte eine von Technikbegeisterung und Fortschrittsglaube geprägte Investitions-Euphorie eine Übersättigung an Ausflugsbahnen. Weil die touristisch orientierten Bergbahnen weit höhere Fahrpreise verlangten als die Eisenbahn, blieb die Zahl ihrer Fahrgäste weiterhin klein. Dies bekam besonders die Stanserhornbahn zu spüren, die in den ersten Betriebsjahren trotz grosser Werbeanstrengungen die Rentabilitätserwartungen der Investoren nicht erfüllen konnte. Daran vermochte auch die eigens zur Erleichterung der Anreise gebaute Strassenbahn, welche die Bergbahn mit der Schiffstation in Stansstad verband, nichts zu ändern. Ein grosser Teil der Bahnprojekte wurde von Hotelbesit-

▲ *Neben der Kleinst-Hotelbahn mit 14 Plätzen (links) erregte in Fürigen der Stehlift besonderes Aufsehen, der ab 1937 die Gäste der Badeanstalt zur sonnigen Liegewiese oberhalb der Harissenbucht transportierte (rechts).*

zern vorangetrieben. So gab es auch am Vierwaldstättersee zahlreiche Bahnen, die nur dazu dienten, die Anreise der Hotelgäste zu erleichtern und die Exklusivität des Hotelbetriebs zu betonen. Den Anfang machte 1884 die Standseilbahn zum Hotel Château Gütsch in Luzern. Danach folgten in engem Takt die Standseilbahnen von Kehrsiten zu den Bürgenstock-Hotels (1888), zum Stanserhorn (1893), zum Hotel Sonnenberg in Kriens (1902), zum Hotel Montana in Luzern (1910), zum Dietschiberg bei Luzern (1912) und von Treib nach Seelisberg (1916) sowie eine Zahnradbahn, die ab 1905 die Morschacher Grandhotels mit der Schiffstation in Brunnen verband. Die Ära der Hotelbahnen am Vierwaldstättersee fand 1924 mit der Fürigenbahn ihren Abschluss, die nicht nur die Erreichbarkeit des Hotels Fürigen oberhalb von Stansstad verbessern, sondern auch eine direkte Verbindung zum hoteleigenen Strandbad bieten sollte.
Mit dem Wintertourismus erlebte die Zentralschweiz nochmals eine Pionierphase im Infrastrukturausbau. Dabei profilierte sich vor allem Engelberg, das bereits nach dem Bau der Stansstad-Engelberg-Bahn 1898 einen Anstieg des Fremdenverkehrs verzeichnet hatte. Mit der Er-

öffnung einer Drahtseilbahn für den Winterbetrieb zur Gerschnialp setzte man hier schon 1913 gezielt auf den Wintertourismus. 1927 baute man mit der Engelberg-Trübsee-Bahn nach dem «Wetterhorn-Aufzug» in Grindelwald die erste Luftseilbahn der Schweiz sowie 1944 die erste Einersesselbahn Europas vom Trübsee zum Jochpass, und legte damit früh die Basis für den weiteren Aufstieg zum Wintersportort.

Die Hotelbahn zum Hotel Château Gütsch – mit Baujahr 1884 die erste ihrer Art am Vierwaldstättersee.

Die Belle Époque der Gastfreundschaft

Seine grosse Zeit hatte der Fremdenverkehr am Vierwaldstättersee zweifellos in der Belle Époque, als in den 1880er-Jahren nach dem Ende des deutsch-französischen Kriegs in ganz Europa eine Phase der wirtschaftlichen Prosperität und des Wohlstands einsetzte. Seit dem Anschluss an das europäische Eisenbahnnetz in den 1860er-Jahren war die Schweizer Hotelbranche von einem Bauboom erfasst worden. Auch am Vierwaldstättersee waren für die immer zahlreicher anreisenden Gäste, meist an erhöhter Lage mit Sicht auf See und Berge, die ersten Grandhotels mit grosszügigen Parkanlagen entstanden. Die Nationalität der Gäste widerspiegelte die wirtschaftliche Entwicklung Europas. Nach den Reisenden aus Eng-

Symbol für die Gastfreundschaft am Vierwaldstättersee: der Bürgenstock.

land, wo die industrielle Entwicklung am frühesten eingesetzt hatte, kamen ab den 1880er-Jahren mehr und mehr Gäste aus dem wirtschaftlich aufstrebenden Deutschland. Kurz vor dem Ersten Weltkrieg stammte rund ein Drittel der Gäste am Vierwaldstättersee aus Deutschland, gefolgt von Grossbritannien, Frankreich und den USA.

Allein in der Stadt Luzern stieg zwischen 1890 und 1910 die Zahl der Hotelbetten von 3800 auf 9400. Weggis erlebte einen Anstieg von 400 auf 1400 Hotelbetten. In Brunnen-Morschach vergrösserte sich das Hotelangebot bis 1914 auf 2000 und auf der Rigi auf 1800 Betten. Die Fremdenindustrie war am Vierwaldstättersee zum ‹leading sector› geworden. Mit einem Anteil von 4.6 Prozent am Bruttoinlandprodukt hatte sich der Fremdenverkehr zu einem wichtigen Wirtschaftszweig der ganzen Schweiz entwickelt, was ihn auch für Finanzinvestoren attraktiv

Gästewünsche im Wandel: vom Aussichtstourismus (hier auf dem Stanserhorn)...

machte. Die grossen Hotels wurden nun mehr und mehr von Aktiengesellschaften finanziert und von ausgebildeten Hotelmanagern geleitet.

Ein Heer von Angestellten war notwendig, um das Wohlergehen der Gäste sicherzustellen. Bereits in den 1880er-Jahren war in der Stadt Luzern ein Viertel der Erwerbstätigen allein in der Hotellerie beschäftigt. Dazu kamen tourismusnahe Nebengewerbe wie Gaststätten, Souvenir- und Verkaufslokale, aber auch Handwerker, Zulieferer und Transporteure.

Die Arbeit der Hotelangestellten war anstrengend und schlecht entlöhnt. Bis zur Einführung von Zentralheizung und Druckwasserleitung mussten täglich unzählige Zimmeröfen eingefeuert und Wasserkannen auf die Zimmer getragen werden. Weil die Gäste nicht das ganze Jahr über, sondern nur zur Sommerfrische anreisten, war das Personal nur während vier bis fünf Monaten angestellt.

...zur sportlichen Eroberung der Berge. Bergsteigergruppe am Titlis 1898.

Trinkgelder der Hotelgäste waren darum hochwillkommen, um das Einkommen aufzubessern. Ein zuvorkommender Umgang mit dem Hotelgast war damit geradezu vorprogrammiert.
Während die Tourismusbranche ihren Umgang mit den Gästen professionalisierte, reagierte die Bevölkerung ambivalent. Einerseits bot die Fremdenindustrie dringend benötigte Arbeitsplätze für die steigende Zahl Erwerbssuchender. Ebenso profitierte man von Fahrstrassen, Bahnen und Telegrafverbindungen, die primär für die Fremden gebaut worden waren. Andererseits begegnete die ländliche Bevölkerung den Fremden, die sich meist nur in der abgeschlossenen, luxuriösen Welt des Hotels, fernab des Dorflebens bewegten, eher misstrauisch. Mit der Zahl der Fremden nahmen auch deren Klagen über Bettelei und Ungastlichkeit der Einheimischen zu. Sie fussten allerdings auch auf verfehlten Vorstellungen der Gäste, die in der Schweiz trotz des Tourismusbooms weiterhin eine Natur- und Hirtenidylle erwarteten. Mitunter widerspiegelten die Klagen auch eine kulturimperialistische Überheblichkeit, wie sie etwa zahlreiche englische Touristen

Ein seltenes Fotosujet: Das Hotelpersonal.

Tradition trifft auf Moderne – auch noch im 20. Jahrhundert ein Thema. Ansichtskarte der Seilbahn Beckenried-Klewenalp von 1939.

Von der ursprünglichen Gastfreundschaft zur gewinnorientierten Rigi-Industrie. Gastwirtschaft am Weggiser Rigiweg um 1830 (links) und Karikatur von 1860 (rechts).

▲ *Zwei von vielen Hoteldienstleistungen. Postdienst auf der Rigi und Gästetransport, hier mit dem Elektromobil von Stansstad zur Talstation der Hotelbahn Fürigen.*

kennzeichnete, welche die Schweizer Berge zum ‹Playground of Europe› erklärten.

Allen Klagen zum Trotz kamen die Fremden weiterhin in Scharen zur Sommerfrische an den Vierwaldstättersee. Dies lag nicht zuletzt auch an der Professionalisierung des Hotel- und Vergnügungsangebots. Die Schweizer Hotellerie genoss in der Belle Époque einen exzellenten Ruf. Besonders die luxuriösen Grandhotels waren stets auf dem neuesten Stand des Komforts und gehörten zu den Pionieren bei der Einführung von elektrischer Beleuchtung, Zentralheizung, Sanitäranlagen, Liften sowie Post-, Telegraf- und Telefonverbindungen.

Während die frühen Hotels nur über einen Speisesaal und allenfalls ein Rauch- und Lesezimmer verfügt hatten, bauten die neuen Grandhotels das Angebot an Gemeinschaftsräumen kräftig aus. So wandelte sich der Speisesaal vom einfachen Esszimmer zum prunkvollen Saal, wo die Gäste zuerst an langen Tischreihen, den tables d'hôte, und später an Einzeltischen tafelten und die Geselligkeit pflegten. Manche Säle, wie derjenige im Seelisberger Grandhotel Sonnenberg, boten Platz für bis zu 500 Personen.

▲ *Ob mit Table d'hôte wie in der Kuranstalt Schöneck bei Emmetten …*

▼ *… oder später mit Einzeltischen wie im Palace-Hotel Luzern: die Ausstattung der Speisesäle liess keine Wünsche offen.*

Professionell geschultes Personal verwöhnte die Gäste mit einer exklusiven Küche. Bibliotheken, Billardzimmer und Kegelbahnen sorgten für die tägliche, Orchester, Tanz- und Theaterensembles für die abendliche Unterhaltung und Hotelkapellen für das seelische Wohl der Gäste.
Das Grandhotel als gesellschaftlicher Raum umfasste jedoch noch weit mehr. Mit dem Trend zur sportlichen Eroberung der Alpenwelt investierten die Hotels zunehmend in den Bau von Sportanlagen. Sportliche Betätigung war nicht nur Kompensation zum Alltag und Ausbruch aus einer immer stärker reglementierten Welt, sondern diente auch der sozialen Abgrenzung. Und weil die Grandhotels eine in sich geschlossene Welt waren, die nur betreten durfte, wer über Rang, Namen und die nötigen finanziellen Mittel verfügte, lag es nahe, sie mit Sportanlagen elitärer Sportarten wie Reit-, Tennis-, und Golfplätzen auszustatten.

Tennisplätze gehörten um 1900 zur Grundausstattung eines Hotels der gehobenen Klasse. Hier beim 1906 eröffneten Hotel Honegg am Bürgenstock.

▲ *Lange ein sportliches Vergnügen der upper class. Ab 1928 boten die Bürgenstock-Hotels ihren Gästen – wie etwa Audrey Hepburn 1954 – eine 9-Loch-Golfanlage.*

Ebenso sehr wie die räumliche Ausstattung schätzten die Gäste die Professionalität der Gastgeber, welche besonders die Grandhotels zu exklusiven Zirkeln der Erholung und Geselligkeit machten. Anders als in den früheren Gasthäusern übernahm hier meist nicht der Besitzer, sondern ein Hotelmanager, der sich als Angestellter in der Hotelhierarchie hochgedient hatte, die Funktion des Gastgebers, wie etwa César Ritz im Hotel National in Luzern. Mit dem Erfolg des Grandhotels verschwand vielerorts die Personalunion von Hotelbesitzer und Hotelier. Im Gegensatz zur Westschweiz, wo ab den 1830er-Jahren Aktiengesellschaften ins Hotelgewerbe einstiegen, basierte der gewaltige Ausbau der Hotellerie am Vierwaldstättersee auch noch in der Belle Époque mehrheitlich auf einzelnen Hoteliers und ihren Familien. Dabei handelte es sich stets um innovative, wirtschaftlich und gesellschaftlich bestens vernetzte Unternehmer, die auch politische Ämter auf Gemeinde- und Kantonsebene bekleideten.

Bekannteste Beispiele sind wohl der Nidwaldner Unternehmer und Regierungsrat Kaspar Blättler, der nicht nur die touristische Erschliessung des Pilatus vorantrieb, sondern 1857 im Rotzloch am Alpnachersee ein Kurhotel samt Dampfschiffbetrieb eröffnete.

In Seelisberg war es der Gastwirt und spätere Urner Regierungsrat Michael Truttmann, der dem Grandhotel Sonnenberg wie auch der Wasserheilanstalt Schöneck bei Emmetten zu internationalem Ruf verhalf. In Brunnen eröffnete Fridolin Fassbind 1870 das Grandhotel Waldstätterhof und legte damit den Grundstein für ein Familienimperium mit Hotels in Engelberg, auf der Rigi und in Lugano. Nur ein Jahr zuvor hatte der spätere Schwyzer Regierungsrat Ambros Eberle mit dem Axenstein in Morschach das erste Grandhotel der Region eröffnet. Und auf Rigi-Kulm schwangen sich die Gebrüder Schreiber in den 1870er-Jahren mit einem Angebot von 1000 Hotelbetten zu Königen der Rigi auf.

Den Zentralschweizer Hotelier schlechthin verkörperte aber wohl der Obwaldner Unternehmer Franz Josef Bucher-Durrer, der dank Risikofreude und Geschäftssinn nicht nur eine Kette von Erstklasshotels aufbaute, die vom Bürgenstock bis nach Kairo reichte, sondern auch die Standseilbahntechnik massgeblich weiterentwickelte.

Der Erfolg dieser Hotelpioniere beruhte nicht zuletzt auch auf einem starken familiären Umfeld, das eng in die Führung der Hotelbetriebe eingebunden war. Unter den vielen Hoteliersgattinnen, die sich aktiv in die Betriebsführung einbrachten, sticht Rosa Dahinden besonders hervor. Als Hotelière in Rigi-Kaltbad war sie massgeblich am Aufbau des Wintertourismus auf der Rigi beteiligt. Denn nur ihrer Initiative und ihrem Geschäftssinn war es zu verdanken, dass die Vitznau-Rigi-Bahn ab 1906 einen Winterbetrieb einführte, der die Rigi für die steigende Zahl von Wintersportbegeisterten zu einem hervorragenden und beliebten Reiseziel machte.

Gastlichkeit à la mode de César Ritz (1850–1918)
Am Vierwaldstättersee startet César Ritz 1874 seine Karriere zum König der Hoteliers und Hotelier der Könige. Nach ersten beruflichen Stationen in Paris, Wien und Nizza kommt der Oberwalliser Bauernsohn als Oberkellner ins Hotel Rigi-Kulm. Hier beweist er seine grosse Improvisationskunst, als er für eine amerikanische Reisegruppe im Speisesaal anstelle der defekten Zentralheizung kurzerhand Kohlefeuer in umfunktionierten Pflanztöpfen entfachen und Ziegelsteine als Fusswärmer erhitzen lässt. Einem Zauberer gleich habe Ritz – so schildert es später seine Frau Marie-Louise – die missliche Situation mit Kreativität in gemütliche Gastlichkeit verwandelt.
Beeindruckt von diesen Fähigkeiten, engagiert ihn 1878 der Besitzer des Grand Hotels National in Luzern als Hoteldirektor. Bis 1888 wirkt César Ritz in den Sommermonaten in Luzern und im Winter in Monte Carlo. Innerhalb kurzer Zeit macht Ritz das Grand Ho-

Die Idee eines Winter-Picknicks wie hier auf der Rigi mit Koch und Servicepersonal im Schnee könnte von César Ritz stammen.

tel National in Luzern zu einer der besten Adressen Europas. In atemloser Kadenz organisiert er für seine Gäste Bälle, Regatten, Jagden, Picknicks, Konzerte, Feuerwerke sowie eine «Soirée dansante», die als Grossereignis der Saison in den internationalen Gazetten kommentiert wird.

Der neuartigen, leichten «haute cuisine» seines überragenden Küchenchefs Auguste Escoffier nicht unähnlich, pflegt Ritz eine neue Form der stilvollen und dezenten Gastlichkeit ohne übertriebenen Luxus. Mit feinem Gespür für die Bedürfnisse des Gastes vermittelt er jedem ein Gefühl der Einzigartigkeit und vermag selbst auf die ausgefallensten Wünsche einzugehen. Diplomatie und die Kunst des Zuhörens sind nach César Ritz die wichtigsten Qualitäten eines Hotelmanagers.

Die unablässige und kräfteraubende Präsenz als Gastgeber fordert allerdings ihren Tribut: 1902 versinkt César Ritz in eine Erschöpfungsdepression, von der er sich bis zu seinem Tod 1918 nicht mehr erholen wird.

Inszenierte Gastfreundschaft vor dem 1869 eröffneten Hotel Felsentor am Weggiser Rigiweg.

Nach der mondänen Zeit: Tourismus im 20. Jahrhundert

Mit dem Ausbruch des Ersten Weltkriegs kam 1914 der Fremdenverkehr in ganz Europa schlagartig zum Erliegen. Auch am Vierwaldstättersee erlebte man einen massiven Einbruch der Gästezahlen. Die Zahl der Hotelbetten, die in der Belle Époque zu stark ausgebaut worden war, schrumpfte innert weniger Monate, was nicht ohne Folgen für den Arbeitsmarkt und die gesamte wirtschaftliche Entwicklung der Region blieb. Die touristische Entwicklung stagnierte bis nach dem Zweiten Weltkrieg.
Neue Impulse lieferte schon in der Zwischenkriegszeit der Wintersport, der sich seit der Jahrhundertwende immer grösserer Beliebtheit erfreute. Obwohl der Anstoss zur Entwicklung von Wintersportangeboten primär aus Grau-

Der Spass hat Vorrang! Wintersportvergnügen auf der Rigi um 1910 vom ersten Bobsleigh-Rennen 1906, über Hockeytrainings mit Champagnerflaschen und eigenartigen Skijöring-Varianten bis zum Skifahren mit Rock und einem Stock.

bünden und dem Berner Oberland kam, reagierten auch einige Zentralschweizer Orte früh auf den neuen Trend. Einmal mehr ging die Rigi voran. Bereits 1892 hatte die SAC-Sektion Pilatus auf Rigi-Kulm die ersten Ski-Probefahrten der Zentralschweiz gemacht. Die erste Versammlung des Schweizerischen Skiverbands fand 1905 im Kaltbader Hotel Bellevue statt, dessen Besitzerin Rosa Dahinden das Zukunftspotential des Wintertourismus umgehend erkannte. Ihr war es zu verdanken, dass die Vitznau-Rigi-Bahn ab 1906 auch im Winter fuhr. Im selben Jahr fand das erste Rigi-Skirennen statt. Zwei Jahre später hatte die Rigi einen Skiclub und kurz danach eine Skischule.

Auch Engelberg verdankte seine Anfangserfolge als Wintersportort nicht zuletzt einer Frau. Als Engelberger Hotelbesitzerin reiste die gebürtige Engländerin Mary Hess-Payne nach 1937 mehrmals jährlich nach England, um

▾ *Das Skifahren wird zum Vergnügen der breiten Masse. Ansturm auf die Rigibahn in Vitznau im Winter 1940.*

neue Gäste für den Winterbetrieb zu gewinnen. Mit Sportanlagen für Eislauf, Hockey, Curling, Schlitteln, Bobsleigh, Skeleton, Skilaufen, Skijöring und Skispringen sowie Pionierleistungen im Seilbahnbau pries sich Engelberg nach dem Zweiten Weltkrieg gezielt als «First Class Winter Resort» an und entwickelte sich in der Folge zu einem geschäftigen Wintersportort.

▼ *1927 baute Engelberg nach dem «Wetterhorn-Aufzug» in Grindelwald die erste Luftseilbahn der Schweiz von der Gerschnialp zum Trübsee, um sein Wintersportgebiet auszubauen.*

Automobil und Flugzeug veränderten im 20. Jahrhundert nachhaltig Reiseverhalten und Herkunft der Gäste am Vierwaldstättersee. Schon in den 1930er-Jahren war die Hälfte der Erstklasshotelgäste mit dem Automobil angereist. Die Forderung nach autogerechten, breiteren Strassen und ausreichendem Parkraum stellte die dicht bebauten Kurorte entlang des schmalen Seeufers vor grosse Herausforderungen. Mit Aussichts- und Tourismusstrassen wie etwa zwischen Weggis und Brunnen suchte man gezielt die Autotouristen anzusprechen.
Dank steigender Einkommen und gesetzlich garantierter Ferienansprüche konnten sich ab den 1960er-Jahren immer mehr Menschen Ferien und ein Auto leisten. Anstelle der mehrwöchigen Sommerfrische bevorzugte man nun kürzere Aufenthalte und häufige Ortswechsel. Mit dem Massentourismus einher ging die Entwicklung der Parahotellerie. So stieg etwa auf der Rigi bis 1975 die Bettenzahl

▼ *Das Auto verändert das Reisen. Mietwagen mit Tankstelle vor dem Kurhaus Fronalp in Morschach in den 1920er-Jahren.*

in Ferienhäusern und -wohnungen auf über 1500, während sich die Zahl der Hotelbetten seit 1935 auf 680 halbierte.

Das Auto förderte die individuelle Entdeckungslust der Reisenden und rückte weit entfernte und bisher kaum zugängliche Regionen in greifbare Nähe. Mittelmeer statt Vierwaldstättersee lautete mehr und mehr die Devise für den Sommerurlaub.

Die Tourismusindustrie fand Abhilfe in Übersee: Im Rahmen der «Amerikanischen Urlauberaktion» besuchten nach dem Ende des Zweiten Weltkriegs zehntausende US-Militärs die vom Krieg verschonte Schweiz und mit ihr auch Luzern. Die vom Schweizerischen Hotelierverein angeregte Urlauberaktion trug viel zum Wiederaufschwung der Tourismusindustrie bei, führte sie doch in den USA zu einem breiten Werbeeffekt zugunsten der Schweiz und zu einem steigenden Anteil amerikanischer Gäste in Luzern.

▾ *US-Militär auf der Rigi im Rahmen der Urlauberaktion nach dem Ende des Zweiten Weltkriegs.*

Eine Vorzeigestrasse für den neuen Autotourismus: die Seestrasse bei Weggis in den 1940er-Jahren.

Der hohe Anteil an Gästen aus Übersee machte den Fremdenverkehr am Vierwaldstättersee in der Nachkriegszeit zunehmend abhängig von globalen Entwicklungen. Kubakrise, Vietnamkrieg, Erdölkrise und die mehrfache Abwertung des Dollars in den 1970er-Jahren bewirkten eine erneute Stagnation der Gästezahlen. Preiswerte Gruppenreisen mit organisierten Carfahrten nach Luzern brachten nur eine geringe Wertschöpfung und wurden zum Inbegriff des billigen Massentourismus. Anfangs der 1990er-Jahre begann man deshalb zusätzlich auf den einträglicheren Kongress- und Kulturtourismus zu setzen sowie neue Märkte in Russland, China und Indien zu erschliessen. In diesem Zusammenhang ist nicht nur der Bau des Kultur- und Kongresszentrums Luzern KKL zu sehen, sondern auch die Renovierung diverser Grandhotels aus der Belle Époque.

▲ *Das Auto dominiert zunehmend den öffentlichen Raum und den Reiseverkehr.*

Nach dem Zweiten Weltkrieg hatten die alten, teils verlotterten Hotelkästen nicht mehr dem Zeitgeist entsprochen. Viele waren abgerissen worden und hatten modernen Hotels, Büros oder Wohnungen Platz gemacht. Die Abkehr vom mondänen Tourismus der Belle Époque war am Vierwaldstättersee besonders drastisch: 1990 waren hier nur noch sieben von 19 Grandhotels der Belle Époque in Betrieb, während sich in der gesamten Schweiz immerhin 60 Prozent der Betriebe hatten halten können. Seither erleben sie jedoch gerade dank ihres historischen Flairs eine Renaissance. Die Belle Époque ist heute zu einem wichtigen Marketingfaktor der Tourismusindustrie am Vierwaldstättersee geworden.

▶▶ *Auch im modernen Tourismus ein sicherer Wert: der See, die Gestade, die Berge.*

NATIONAL

▲ ▼ *Vom Melkstuhl zum Traktor –*
der Zentralschweizer Bauer im Wandel der Zeit.

Landwirtschaft am Vierwaldstättersee einst und jetzt

Die Landwirtschaft am Vierwaldstättersee war bereits vor dem Zeitalter der Modernisierung und Globalisierung in ein überregionales, ja europäisches Marktgeflecht eingebunden. Über Jahrhunderte waren Vieh und Käse aus der Zentralschweiz besonders in den Metropolen Oberitaliens hochbegehrt und der Markt in Luzern eine Drehscheibe für den internationalen Vieh- und Getreidehandel. Der freie Bauer der Urschweiz verkörperte in ganz Europa wie kein Zweiter das Bild einer unabhängigen und selbstbewussten Schweiz.

Der Einbezug in eine globale Wirtschaft hat die bäuerliche Gesellschaft und Landschaft am Vierwaldstättersee seit dem Ende des 19. Jahrhunderts grundlegend verändert. Zentralschweizer Käse und Rinder haben Konkurrenz aus dem Flachland und aus dem Ausland erhalten. Die bäuerlichen Kleinbetriebe im Berggebiet sind gegenüber den Grossbetrieben im Flachland ins Hintertreffen geraten und auf Fördergelder und innovative Nischenproduktion angewiesen.

Zersiedelung und Nutzungsansprüche von Verkehr und Industrie setzen auch am Vierwaldstättersee das Agrarland stark unter Druck. Dennoch sind bis heute zahlreiche Merkmale der traditionellen bäuerlichen Wirtschaft und Gesellschaft in der Landschaft sichtbar geblieben.

Habliche Bauerndörfer am nördlichen Teil des Sees lassen den früheren Reichtum der Einzelhofbauern in der Feldgraszone erahnen. Weiter südlich charakterisieren Streusiedlungen mit kleinen Höfen und Alpbetrieben eine Landschaft, die seit jeher durch extensive Viehwirtschaft genutzt wird. Wer den Vierwaldstättersee aufmerksam umwandert, wird sich der starken Prägung der Region durch die Landwirtschaft und ihrer Geschichte bewusst.

Die Anfänge: Landwirtschaft zur Selbstversorgung

Das Gebiet der heutigen Zentralschweiz war bereits im Frühmittelalter bis auf eine Höhe von 1400 Metern dauernd besiedelt. Zahlreiche Flächen oberhalb der Waldgrenze nutzte man als Alpweiden. Die Alemannisierung brachte einen Bevölkerungsanstieg mit sich, der auch in den Bergtälern eine umfassende Urbarmachung von Talböden, Hängen und Hochterrassen nötig machte. Über Generationen hinweg wurde in harter Arbeit Land gerodet und fruchtbar gemacht.
Auf Urner Gebiet war die Ebene der Reuss um 1400 fast vollständig kultiviert und die Talgründe bis nach Göschenen besiedelt. Noch nicht abgeschlossen, aber bereits weit fortgeschritten war die Urbarisierung der Hochplateaus und Seitentäler.

Seit der alemannischen Einwanderung werden die Hänge der Rigi für extensive Weidewirtschaft genutzt. Gersauer Bauernfamilie um 1926.

Auch in Nidwalden hatte man bis ins 13. Jahrhundert grosse Teile des Talgebietes gerodet. Die Schwyzer Talebene scheint bereits zu Beginn des 12. Jahrhunderts intensiv für Ackerbau genutzt worden zu sein, während man an den Hängen der Rigi und im Muotathal extensive Weidewirtschaft betrieb.

Innovative Klöster

Treibende Kräfte hinter der Urbarmachung der Zentralschweizer Täler und Alpen waren die Klöster. In Nidwalden war das Kloster Engelberg neben den Klöstern Muri und Luzern-Murbach zweifelsohne der grösste Grundbesitzer, in Schwyz das Kloster Einsiedeln. In Uri zählten grosse Teile des Landes zur Grundherrschaft des Zürcher Fraumünsterklosters.

Die Klöster förderten schon früh die Haltung von Grossvieh, um Zuchtvieh, Fleisch und Milchprodukte an die aufstrebenden Städte liefern zu können. Im Spätmittelalter kam auch der Pferdehaltung eine grössere Bedeutung zu. Über die Landesgrenzen hinaus bekannt waren die «cavalli della Madonna» aus der Pferdezucht des Klosters Einsiedeln, deren Qualitäten als Schlachtrosse besonders geschätzt wurden.

Die Klöster waren somit nach 1200 ein zentrales dynamisierendes Element der Zentralschweizer Wirtschaftstätigkeit. Ihre exklusiven Bodennutzungsrechte waren aber auch eine zentrale Ursache des zunehmenden Widerstands der Schwyzer Bauern gegen die klösterliche Herrschaft, der 1314 im Überfall auf das Kloster Einsiedeln und 1315 in der Schlacht bei Morgarten gipfelte und zum ersten eidgenössischen Bündnis der Waldstätte führte. Auch in Nidwalden wuchs der Widerstand der freien Bauern gegen die klösterlichen Grundherrschaften, so dass sie bis Mitte des 15. Jahrhunderts durch genossenschaftliche Nutzungskorporationen der Talleute ersetzt wurden.

▲ *Betruf auf dem Stoos bei Morschach 1956. Religiöse Elemente sind in der Innerschweizer Agrarkultur bis heute präsent, obwohl die einst mächtigen Klöster ihre dominante Rolle längst verloren haben.*

Vom Schaf zum Rind

Bis ins 14. Jahrhundert betrieb man in der Zentralschweiz sowohl Weidewirtschaft als auch Ackerbau zur Selbstversorgung. Frei von genossenschaftlichen Flurnutzungssystemen baute jeder Bauer auf kleinen, oft wenig ertragreichen Ackerflächen Getreide für den Eigenbedarf an. Weit verbreitet waren zudem Baumgärten, wo man ausser Nüssen vor allem Äpfel, Birnen und Kirschen erntete und als Wintervorrat dörrte. In Gemüsegärten zog man Hülsenfrüchte und Rüben. Eine nicht unwesentliche Rolle in der Ernährung spielte auch das Wildbret, da Fleisch sonst nur wenig auf den Tisch kam.

Suffi und Schnitz – Ernährung im Hirtenland

«Die gewöhnliche Nahrung des Landmanns besteht in Milch, Suffi, Schotten, Ziger, Käse, Erdäpfeln und Obst. [...] Auf dem Tische, besonders zur Suppe und den Erdäpfeln, darf hier der Käse niemals fehlen.» So beschrieb Aloys Businger 1836 die Ernährung der Bevölkerung Unterwaldens.

Seit dem Verzicht auf Ackerbau und der Spezialisierung auf Milch- und Alpwirtschaft basierte die Ernährung im Hirtenland der Zentralschweiz primär auf Milchprodukten und Obst. Bis ins 19. Jahrhundert ersetzten oft gedörrte Apfel- und Birnenschnitze das Brot, das eher teuer war, weil das Getreide über den Luzerner Markt importiert werden musste. Die Suffi war ähnlich wie die Molke ein Abfallprodukt der Käseherstellung und als gesundes, nahrhaftes und billiges Getränk besonders bei den Hirten beliebt.

Neben Milchprodukten und Dörrobst standen aber auch Schnecken, Beeren, Gemüse, Wurzeln und Nüsse bis ins 19. Jahrhundert auf dem Speiseplan. Fleisch

Suffi aus der gemeinsamen Schüssel – die traditionelle Mahlzeit im vormodernen Hirtenland.

kam auch bei wohlhabenderen Familien nur an Sonn- oder Feiertagen auf den Tisch. Am Vierwaldstättersee, wo dank dem milden Klima des Sees Kastanienbäume gediehen, waren gedörrte und gemahlene «Cheschtene» besonders für die ärmere Bevölkerung eine wichtige Nahrungsquelle.
Im 19. Jahrhundert revolutionierten Kartoffeln (Erdäpfel) und Kaffee auch im Hirtenland die traditionelle Ernährung, und Teller ersetzten am Tisch die gemeinsame Schüssel.

Bis ins 13. Jahrhundert wurden auf den Alpen der Zentralschweiz noch vornehmlich Ziegen und Schafe gehalten. Es waren wohl vor allem die Klöster, die als erste auf den Alpen Grossvieh sömmerten. In Buochs soll schon im 12. Jahrhundert eine Schiffanlegestelle bestanden haben, wo die Nauen mit den Rindern und Kühen des Klosters Muri anlegten, die auf den Nidwaldner Alpen gesömmert wurden. Noch gab es keine Tierzucht. Entsprechend klein und wenig ertragreich waren die Tiere.
Waren die Alpen im Hochmittelalter noch eine notwendige Ergänzung zur Selbstversorgungswirtschaft, so erhielten sie ab dem 14. Jahrhundert mit der Spezialisierung der Zentralschweiz auf Viehzucht und Milchwirtschaft eine marktwirtschaftliche Bedeutung.

Wandel zur marktorientierten Landwirtschaft

Günstige klimatische Bedingungen förderten im Hoch- und Spätmittelalter die Ausdehnung der Alpwirtschaft auf höhere Lagen und die Verlängerung der Alpsömmerungszeiten. Dazu kam eine steigende Nachfrage nach Fleisch und Milchprodukten in den aufstrebenden Städten, die auch in der Zentralschweiz einen Wandel von der Selbstversorgungswirtschaft zur marktorientierten Landwirtschaft bewirkte.

Spezialisierte Agrarzonen

In Uri, Schwyz und Unterwalden, dem klassischen Hirtenland, wurden nun auch die Talgründe zur Viehhaltung genutzt. Der Ackerbau verschwand bis zum Ende des 16. Jahrhunderts nahezu vollständig. Schafzucht im grösseren Stil betrieb man nur noch im Schwyzer Muotathal. Auf dem Gebiet des Kantons Luzern führte die zunehmende Marktorientierung zu einer Dreiteilung in spezialisierte Agrarzonen: ein Kornland mit Ackerbau im flachen Mittelland, ein Hirtenland mit Vieh- und Alpwirtschaft an Rigi, Pilatus und im Entlebuch und eine Feldgraswirtschaft in der Hügelzone entlang des Küssnachtersees und im Umland der Stadt Luzern.

In der Feldgraswirtschaft bestimmte der Einzelhof als grosse, geschlossene Betriebseinheit das Siedlungsbild. Jeder Bauer nutzte nach eigenem Ermessen und ohne Einbindung in eine genossenschaftliche Flurnutzung einen Teil seines Weide- und Wieslandes jeweils für zwei bis drei Jahre als Ackerland. Der Anteil an reichen Vollbauern mit grossem Grundbesitz und einem hohen Viehbestand war hier weit grösser als im Kornland, wo die Zahl der Kleinbauern und der landlosen Tauner ab dem 16. Jahrhundert stetig zunahm.

In den stadtnahen Gemeinden konzentrierten sich die Bauern schon früh auf die Produktion von Milch, Butter und Käse für den städtischen Markt. Ende des 18. Jahrhunderts besassen einige Betriebe mit bis zu 45 Milchkühen einen für damalige Verhältnisse überaus grossen Viehbestand. Die stadtnahen Betriebe produzierten genug Milch, um die Stadt Luzern trotz der nun stetig zunehmenden Zahl an fremden Gästen ausreichend versorgen zu können.

Entlang des Küssnachtersees etablierte sich zudem schon im 17. Jahrhundert ein marktorientierter Obst- und Gemüsebau. Ausgedehnte Baumgärten mit Apfel- und Birnbäumen prägten hier die Landschaft, bis sie im 20. Jahrhundert wegen veränderter Konsumgewohnheiten und mechanisierter Landwirtschaft grossflächig abgeholzt wurden.

Alp Haldern ob Küssnacht. Eine Kuhalp im Übergang von der Feldgraszone zum Hirtenland. Johann Jakob Sperli, 1840.

m Wege nach Küssnacht.

Basel bey Mæhly & Schabchtz

Der Handel in den Süden

Im 15. Jahrhundert hatte sich ein lukrativer Export von Vieh und Käse aus der Zentralschweiz ins «Welschland» etabliert, wie man zu dieser Zeit die norditalienischen Gebiete nannte. Mailand und andere lombardische Städte waren zu einem der bedeutendsten Wirtschaftsgebiete Europas aufgestiegen. Sie benötigten neben Pferden für das Kriegs- und Transportwesen vor allem Rinder, um ihren enormen Bedarf an Fleisch und Zuchtvieh decken zu können. Es waren vor allem in Luzern ansässige lombardische Händler, welche den Verkauf von Vieh und Käse nach Süden vermittelten. Doch gab es bereits früh auch einheimische Grossbauern, die es als Viehhändler zu grossem Reichtum und zu einem weitverzweigten wirtschaftlichen und politischen Netzwerk brachten. Aus solch vermögenden Familien stammten die selbstbewussten Protagonisten einer Zentralschweizer Interessenpolitik, welche die eidgenössische Geschichte des 15. Jahrhunderts wesentlich mitbestimmte.

Unternehmer der ersten Stunde – die Senntenbauern

Der Viehhandel ins Welschland brachte in der Zentralschweiz mit dem Senntenbauern einen bisher unbekannten Typ des unternehmerisch denkenden und weltgewandten Grossbauern hervor.

Bauer mit Viehherde auf einem Glasgemälde von 1563. Zentralschweizer Grossvieh war im Süden hochbegehrt.

Zu Beginn der Alpsaison stellte er durch Zukauf fremder Tiere eine Herde von 20 bis 30 Kühen zusammen. Denn die Alpkäseproduktion war mit grossen Sennten rentabler. Nach dem Ende des Alpsommers brachte er einen Teil der Kühe auf den Märkten südlich der Alpen zum Verkauf.

Zucht- und Schlachtvieh aus Schwyz, Luzern und Uri wurde während weniger Wochen im Herbst über den Gotthard nach Süden getrieben. Das Vieh aus Unterwalden nahm oft die Route über Grimsel- und Griespass. Vor Eröffnung der Axenstrasse 1865 transportierte man das Vieh mit Nauen aus Luzern und Brunnen nach Flüelen. Von dort führten acht Tagesetappen über steile Saumwege bis nach Giubiasco.

Unterwegs wurden bereits die ersten Verkäufe abgewickelt. «Wer dann in Giubiasco nicht verkaufen konnte und den Weg über den Monte Ceneri (Munt Chänel) fortsetzen musste, hatte ein schwieriges Geschäft, grosse Spesen und gewöhnlich sinkende Preise» erinnerte sich 1906 der Schwyzer Senntenbauer und spätere Landammann Gottfried Bürgi. «Hatten die Italiener schon in Giubiasco den Markt vollständig beherrscht, so waren die, welche bis nach Mailand gefahren, ganz ihrer Gnade und Ungnade überliefert. Es ist vorgekommen, dass Einzelne den halben Winter mit ihrer Viehhabe dort bleiben mussten und kaum die Hälfte ihres Wertes heimbrachten.» Angesichts solcher Risiken war es naheliegend, dass der Viehhandel nach Süden eine Angelegenheit reicher Grossbauern blieb, weil nur sie über die nötigen finanziellen Reserven verfügten.

Das Ende der Welschlandfahrten kam mit der Eröffnung der Gotthardbahn 1882, die einen ganzjährigen Verlad des Viehs erlaubte. An die einst einflussreichen Senntenbauern erinnert heute nur noch eine Standeskultur, wie sie etwa an der Älplerchilbi sichtbar wird.

▲ *In grossen Nauen transportierte man das Vieh eng beladen über den Vierwaldstättersee Richtung Gotthard.*

Zur Grösse der Viehbestände gibt es vor den ersten Viehstatistiken keine gesicherten Angaben. In den 1830er-Jahren sollen gemäss Gerold Meyer von Knonau jährlich 4'000 bis 5'000 Rinder aus dem Kanton Schwyz über die Alpen ins Tessin und nach Italien (und bloss 200 bis 300 Stück Richtung Norden) ausgeführt worden sein.

Die ersten Statistiken aus den 1860er-Jahren bestätigen die grosse Bedeutung der Viehhaltung für die Zentralschweiz. Allein im Kanton Schwyz zählte man 1866 pro 1'000 Einwohner 521 Kühe und Rinder, insgesamt mehr als 23'000 Stück. Gemessen an der Bevölkerung wurde Schwyz jedoch noch von Ob- und Nidwalden übertroffen, wo man 1866 auf 1'000 Einwohner 672 beziehungsweise 523 Rinder und Kühe und damit im gesamtschweizerischen Vergleich absolute Spitzenwerte ermittelte.

Wie sehr die Viehhaltung die Gesellschaft und Landschaft der Zentralschweizer Voralpen und Alpen prägte, veranschaulicht der Reisebericht des französischen Anwalts Louis Ramond de Carbonnière (1755–1827), der 1777 auf seiner Wanderung nach Engelberg feststellte:

«Erde und Menschen, alles schien hier für diese Tiere dazusein, alles ist ihren Bedürfnissen untergeordnet. Die Grasflächen sind unabsehbar, Äcker sind sehr selten. Die Ställe sind geräumig und bequem, die Häuser dagegen in sich zusammengedrängt. Die Menschen spielen eine Nebenrolle.»
Neben Rindern und Pferden war der Käse das wichtigste Exportprodukt der vormodernen Zentralschweiz. Zolltarife belegen, dass bereits im Mittelalter Ziger und Käse nach Süden und Norden exportiert wurden. Einschränkende Butterverordnungen der Abnehmerkantone, künstlich tiefgehaltene Butterpreise und grössere Gewinne beim Käseverkauf bewegten viele Bauern im Laufe des 16. und 17. Jahrhunderts zu einem Umsatteln von der Butter- zur Käseproduktion.

Wiesen und Kühe als prägende Elemente der Landschaft Unterwaldens. Alpnach um 1825, von Samuel Frey.

Alpkäseproduktion, hier in einer Alphütte auf Rigi-Staffel, zu Beginn des 19. Jahrhunderts.

Im Engelberger Tal stellte man mit dem Sbrinz seit dem frühen 16. Jahrhundert einen lagerfähigen Hartkäse her, der in Italien sehr beliebt war. Ende des 18. Jahrhunderts sollen im Käsemagazin des Klosters Engelberg im Sommer jeweils 9'000 bis 10'000 Laibe Sbrinz von den klösterlichen Alpen und den Sennten der Talleute gelagert haben, bis sie im Herbst in Fässer verpackt und über den Grimsel- und Griespass nach Italien transportiert wurden.

Ohne Wildheu kein Sbrinz?

«Mit Fusseisen versehen, bewaffnet mit der Sense, meistens einem Stocke in der Hand, ein Garn oder Tuch mit sich führend, den Schleifstein in seinem Futter angehängt, geht der Wildheuer mit festem, oft freudigem Muthe auf seine botanische Jagd aus, die ihm um den Preis einer fortwährenden Todesgefahr, oft, doch nicht immer einen guten Tagelohn und das Mittel verschafft, sein Vieh oder durch den Verkauf des Gewonnenen sich selbst während des Winters zu ernähren.»

Das Wildheuen, wie es Gerold Meyer von Knonau 1835 geradezu abenteuerlich beschrieb, kennt in der Zentralschweiz eine jahrhundertelange Tradition. Heu als Winterfutter war für die Viehhaltung in vormoderner Zeit von entscheidender Bedeutung. Denn es entschied darüber, wieviel Tiere durch den Winter gebracht werden konnten.

Mit der steigenden Nachfrage der oberitalienischen Metropolen nach Zentralschweizer Hartkäse und Rindvieh wuchs im 16. Jahrhundert der Bedarf an Viehfutter. Heu wurde nun selbst auf steilsten und oft nur schwer zugänglichen Alpwiesen gewonnen.

Wildheuerromantik auf einer Ansichtskarte des 19. Jahrhunderts.

Die Nutzung dieser Wildheuwiesen war sehr begehrt und entsprechend streng geregelt. Denn mit dem Verkauf von Wildheu konnten auch Kleinbauern am lukrativen Handel in den Süden teilhaben, der ansonsten von den Grossbauern dominiert wurde.
Mit der Einbindung in eine globale Agrarwirtschaft und dem Import von Futtermitteln verlor das Wildheu zwar Ende des 19. Jahrhunderts seine einst grosse Bedeutung. Dass sich der Sbrinz als Innerschweizer Exportprodukt erfolgreich etablieren konnte, hat er aber wohl nicht zuletzt dem Wildheu zu verdanken.

Auch in modernen Zeiten noch eine harte Arbeit. Heuet im Berggebiet um 1940.

Güterumschlag am Luzerner Schwanenplatz 1856.

Luzern: Marktort und internationale Handelsdrehscheibe

Je mehr sich die Agrarwirtschaft auf eine marktorientierte Produktion spezialisierte, desto wichtiger wurden grosse Märkte und gut ausgebaute Transportwege, um nicht nur wie bisher den Güteraustausch zwischen Stadt und Umland zu gewährleisten, sondern auch zwischen den verschiedenen Wirtschaftsregionen Europas.
Luzern entwickelte sich ab dem ausgehenden 13. Jahrhundert zu einer wirtschaftlichen Drehscheibe zwischen Nord- und Südeuropa. Über den Luzerner Markt importierten die Voralpengebiete, die sich auf die Viehhaltung spezialisiert hatten, Getreide und Salz aus dem Kornland der Eidgenossenschaft und aus weiter nördlich gelegenen Gebieten.
Parallel dazu stieg der Export von Zentralschweizer Grossvieh und Käse nach Oberitalien, aber auch nach Zürich, Basel und weiter ins Elsass. Die Blütezeit des Luzerner Viehmarktes war das 18. und 19. Jahrhundert.

Marktfrauen auf dem Markt unter der Egg in Luzern Ende des 19. Jahrhunderts. Ölbild von Xaver Schwegler.

90 Prozent der Viehverkäufe erfolgten im September und Oktober. Von grosser Bedeutung war besonders der «Viehmarkt auf Lauis (=Locarno)», der in Luzern jeweils im September zwei Wochen vor dem grossen Viehmarkt in Locarno stattfand.

Beliebte Butter aus Unterwalden

Schon im Mittelalter handelte man auf dem Luzerner Markt nicht nur mit Vieh und Käse, sondern auch mit frischen Milchprodukten. Die Luzerner Obrigkeit sorgte mit gesetzlichen Vorgaben und Kontrollen für eine ausreichende Versorgung der Stadtbevölkerung mit Milch, Rahm, Butter und Ziger zu moderaten Preisen. 1768 wurden in der Stadt Luzern 155'000 Pfund Butter verkauft. Davon ging die Hälfte an die Luzerner Stadtbevölkerung, ein Fünftel an Kunden aus der Landschaft und ein Drittel als Export nach Zürich, Basel und ins Elsass.
Über 90 Prozent der auf dem Luzerner Wochenmarkt angebotenen Butter stammte aus Unterwalden. Denn die

voralpinen Gebiete Luzerns rund um den Pilatus sowie das Entlebuch hatten sich bereits früh auf die Käseherstellung und die Aufzucht von Jungvieh spezialisiert und exportierten kaum mehr Butter und Rahm.
Die starke Regulierung des Buttermarkts durch die Obrigkeit machte legale Handelsgeschäfte unattraktiv und liess den Schwarzhandel blühen, wo weit höhere Gewinne winkten. Besonders in Krisenzeiten, wenn Butter zur Mangelware wurde, versuchten Schwarzhändler den Markt in Luzern zu umgehen, indem sie die Butter direkt in Unterwalden kauften und über Schleichwege aus dem Kanton zu schaffen versuchten.
Milch, Gemüse, Obst, Kastanien, Eier sowie Fleisch und Fisch wurden auf dem Luzerner Markt täglich von Bauern und Bäuerinnen aus der näheren Umgebung der Stadt zum Verkauf angeboten. Ähnlich wie die Butter wurde auch der Verkauf dieser Produkte im vormodernen Luzern streng kontrolliert. Auch sie durften nur auf dem Markt und zu wohlfeilen Preisen angeboten werden, um so die ausreichende Versorgung der Bevölkerung zu sichern. Der Export über die Eidgenossenschaft hinaus war verboten und der Verkauf in andere eidgenössische Orte nicht gern gesehen.

Gemüse und Obst aus der «Schnabelweid» Weggis

1661 pries Johann Leopold Cysat in seiner Beschreibung des Vierwaldstättersees Weggis als «treffliche Schnabelweyd». Man finde hier «allerhand usserlesen Obs, Castanien, Pfersich, so gar was einer in Italia suchen sollt, als Feygen und Mandel». Das milde Klima erlaube auch im Winter das Ziehen von Gartengemüse. Die Bäuerinnen und Bauern aus der Umgebung von Weggis waren wichtige Marktlieferanten. Spätestens seit dem 15. Jahrhundert und bis zur Einstellung des Schiffbetriebs 1974 lieferten sie ihre Erzeugnisse jeweils dienstags und samstags mit Nauen über den See zum städtischen Markt in Luzern. Der Erfolg des Weggiser Obst- und Gemüsehandels gründete nicht zuletzt auf den Frauen. Nicht nur gehörte die Gartenarbeit zu den klassischen Kernkompetenzen der Bäuerin. Die Weggiser Frauen schienen auch ein Gespür

▲ *Gemüsebäuerinnen aus Weggis mit ihrem vielfältigen Angebot.*

▼ *Marktnauen vor der Kapellbrücke in Luzern um 1890.*

für erfolgreiche Nischenprodukte zu haben, denn laut Cysat «hat das Weibervolck daselbsten ein sonderbahren Gewirb unnd grosse Handlung mit Rosmarin unnd Nägelblumen, so ihnen ein ungleublich Gelt erträgt».
Daneben spezialisierten sich Weggis und weitere Gemeinden am Küssnachtersee wie zum Beispiel Meggen auf grosse Obstkulturen und den Verkauf von Dörrobst und Most, der schon früh ein beliebtes Volksgetränk war.

Die von ausgedehnten Obsthainen geprägte Landschaft rund um Küssnacht um 1800.

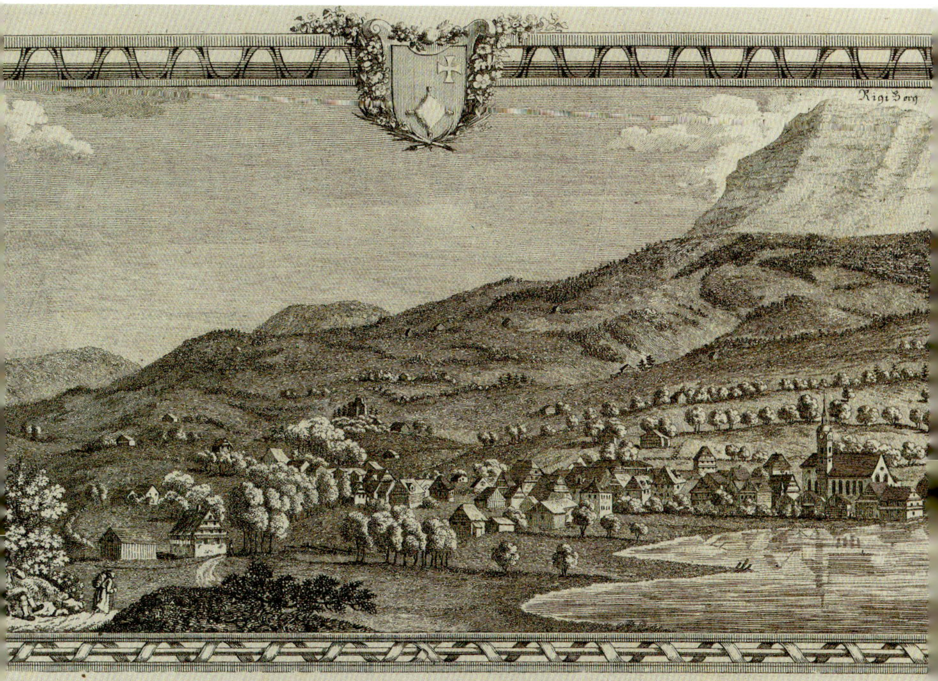

Ressourcenverknappung, Verarmung und soziale Konflikte

Mitte des 15. Jahrhunderts war die Urbarisierung in allen Teilen der Zentralschweiz grösstenteils abgeschlossen und die Alpen in vollem Umfang bestossen. Weil sich die Bevölkerung vermehrte, die Ernährungsgrundlage aber gleich blieb, wurden die Güter immer mehr zerstückelt und intensiver bebaut. Die Ungleichheiten im Güterbesitz vergrösserten sich.

Während eine kleine Schicht von Grossbauern ihren Besitz an Land und Grossvieh stetig ausbaute, wuchs die Zahl der Kleinbauern, die mangels eigener Güter auf die Nutzung der Allmendgüter, also der Weiden und Wälder, die sich im gemeinsamen Besitz der Dorfgenossen befanden, angewiesen waren. Um die Allmendgüter vor Übernutzung zu schützen, schlossen viele Dörfer unter dem Einfluss der reichen Grossbauern die armen Dorfgenossen aus Allmend- oder Alpnutzung aus.

Landlose und Kleinbauern sahen sich vermehrt gezwungen, ausserhalb der Landwirtschaft Erwerbsmöglichkeiten zu suchen. Am radikalsten war der Entscheid vieler junger Männer, sich als Söldner in fremde Dienste zu verdingen. Andere suchten ihr Glück als Dienstboten in der Stadt oder in der Protoindustrie. Mit Ausnahme der Seidenindustrie in Gersau konnte sich diese allerdings in der Zentralschweiz im Vergleich zu anderen Voralpengebieten wie Glarus oder Appenzell kaum etablieren.

Auch der Handel über den Gotthard bot nur einer beschränkten Zahl von Arbeitssuchenden aus dem bäuerlichen Milieu ein Einkommen als Schiffer oder Saumknecht. Nicht zuletzt eröffneten sich der armen Landbevölkerung ab dem Ende des 18. Jahrhunderts dank dem aufstrebenden Fremdenverkehr neue Erwerbsmöglichkeiten, sei es als Angestellte im Hotel- und Gastgewerbe, als Träger, Bergführer, Kutscher oder Wäscherin.

Trägerdienste für den Fremdenverkehr wie hier an der Rigi um 1870 waren für viele Kleinbauern ein willkommener Nebenverdienst – bis sie von den Bergbahnen abgelöst wurden. ▸

Holz, Streue und Beeren – der Wald als wichtige Ressource

Die Nutzung des Waldes begann mit der Urbarmachung im Frühmittelalter. Flurnamen wie Rüti oder Gschwänd zeugen noch heute von den Waldrodungen. Die Köhlerei war eine Begleiterscheinung der Rodungen. Bis um 1900 war Holzkohle aus den Wäldern des Pilatus oder des Entlebuchs in der Stadt Luzern ein wichtiger Brennstoff.

Verwildernde Bergbäche machten bereits früh die ungeregelte Abholzung und die Überweidung der Wälder in vielen Gebieten der Zentralschweiz augenfällig. Obwalden erliess deshalb Mitte des 16. Jahrhunderts ein Viehauftriebsverbot für die Hochwälder, das sich allerdings kaum durchsetzen liess, weil viele arme Bauern auf den Wald als Weidefläche für ihre Ziegen angewiesen waren.

Die Bauern trugen in den Wäldern und Riedern nicht nur Laub, Nadeln, Schilf und niedere Bodenpflanzen

Ernte von Riedgras als Streumaterial bei Merlischachen am Küssnachtersee. Druckgrafik von Karl Martin Eglin, 1837.

als Streue für den Stall zusammen, sondern auch Laub für ihre Betten. Ein im Herbst mit frisch getrocknetem Buchenlaub gefüllter Sack ersetzte vielerorts den Strohsack.

Mit der eidgenössischen Forstschutzgesetzgebung wurde 1876 das schädliche Sammeln von Streue in den Bergwäldern verboten. Wegen der hohen Transportkosten für Stroh aus dem Flachland blieb die Waldstreue in vielen Berggebieten aber noch bis ins 20. Jahrhundert weit verbreitet.

Neben der Weide- und Sammelwirtschaft schädigte auch der exzessive Holzschlag die Wälder. Bis weit ins 19. Jahrhundert sah man vielerorts die Wälder als unbeschränkt nutzbare Ressource an. Auch in den Zentralschweizer Wäldern wurde schonungslos und grossflächig Holz geschlagen. Denn die langschäftigen Fichtenstämme liessen sich gegen gutes Geld an die holzverarbeitende Industrie und an Schiffswerften in Holland oder Frankreich verkaufen.

Holzschlag im Bergwald in den 1970er-Jahren mit altbewährten Techniken und Pferdestärke.

Das 19. Jahrhundert: Zentralschweizer Landwirtschaft zwischen Beharren und Wandel

Eisenbahn, Dampfschiff, industrielle Produktion und das Ende der alten Agrarverfassung haben die Landwirtschaft der Zentralschweiz im 19. Jahrhundert grundlegend verändert, wenn auch nicht überall im selben Mass und nicht zur selben Zeit.

Mehr Ertrag nach dem Ende der Dreizelgenwirtschaft

Mit der Lockerung alter Agrarzwänge erlebten vor allem die vom Liberalismus beeinflussten Gebiete der Schweiz während den 1830er-Jahren eine landwirtschaftliche Blütezeit. Zu ihnen gehörte auch der Kanton Luzern. Die Aufhebung des Flurzwangs im Kornland führte zu einem spürbaren Anstieg der Erträge. Dieser hatte bisher die bäuerliche Initiative stark eingeschränkt und den grossflächigen Anbau der ertragreichen Kartoffel verhindert. Dank der grösseren Futtermittelproduktion konnte nun auch im Flachland mehr Vieh gehalten und mehr Milch produziert werden, die man in Talkäsereien verarbeitete. Allein der Kanton Luzern konnte so in der ersten Hälfte des 19. Jahrhunderts seine Käseproduktion verdreifachen.

Der wirtschaftliche Erfolg, besonders der grossen und mittelgrossen Betriebe liess die Bodenpreise ansteigen. Viele Bauern kauften teure Liegenschaften auf Kredit. Dies wurde ihnen in den 1840er-Jahren zum Verhängnis, als schlechte Ernten, die Kartoffelkrankheit und die Kriegswirren rund um den Sonderbund die Erträge einbrechen liessen und viele Kleinbauern in den Konkurs trieben. Ein konjunktureller Aufschwung in den 1850er-Jahren brachte zwar einige Bauern im Kornland und in der Feldgraszone zu Wohlstand. Bald darauf setzte jedoch eine tiefgreifende Restrukturierung der Schweizer Agrarwirtschaft ein, welche die bisherige Dreiteilung der Zentralschweizer Landwirtschaft in Hirtenland, Kornland und Feldgraszone beenden sollte.

Milchwirtschaft als Antwort auf ausländische Konkurrenz

Die Neuordnung der Schweizer Landwirtschaft in der zweiten Hälfte des 19. Jahrhunderts hatte einen globalen Hintergrund. Eisenbahn und Dampfschiff revolutionierten ab den 1860er-Jahren den Gütertransport und schufen damit die Basis für eine internationale Arbeitsteilung. Billiges Brotgetreide aus Europa und Übersee begann, die einheimische Produktion zu konkurrenzieren.

Im Schweizer Mittelland bewirkte die neue Konkurrenz eine Abkehr vom Ackerbau zugunsten der Viehhaltung. Man forcierte den Anbau von Futtergetreide gegenüber dem Brotgetreide, intensivierte Viehzucht und Milchwirtschaft und baute die Schweinemast aus. Chemische Düngemittel und Futtermittel aus dem Ausland liessen ab den 1870er-Jahren die Produktivität der Bauernbetriebe sprunghaft ansteigen. Um Dünger und Futter zu

▼ *Viehmarkt in Stans in den 1970er-Jahren.*

möglichst günstigen Konditionen importieren zu können, gründeten die Bauern vielerorts landwirtschaftliche Genossenschaften.

Parallel zur Milchwirtschaft erlebte die Schweinehaltung einen Aufschwung, denn die beiden Bereiche ergänzten sich ideal: die bei der Käseproduktion anfallende Molke diente zur Fütterung der Schweine, die wiederum für reichlich Dünger sorgten, den man beim Anbau von Futtergetreide für das Milchvieh einsetzte. Im Kanton Luzern erlebte die Schweinehaltung dank Zuchtgenossenschaften und staatlicher Förderung im 20. Jahrhundert nochmals eine radikale Zunahme, so dass Luzern seinen Anteil an der schweizerischen Schweinehaltung bis zum Ende des Jahrtausends von 10 auf 20 Prozent steigern konnte.

Der Schweinemarkt in Luzern als Postkartensujet der Belle Époque.

Die Steigerung der Milchproduktion liess nun auch neue Formen gewerblich-industrieller Milchverarbeitungsbetriebe entstehen, wo man die Milch zu Käse und Schokolade für das In- und Ausland verarbeitete. Der enorme Bedarf dieser exportorientierten Grossbetriebe hatte nochmals eine Steigerung der Milchproduktion im Flachland zur Folge. So nahm etwa 1866 in Cham die erste Milchkondensationsfabrik Europas ihren Betrieb auf, für die nur zehn Jahre später 1'300 Bauern der Region die Milch von über 10'000 Kühen lieferten.
In den Dörfern wurden die unrentablen Kleinkäsereien durch leistungsfähigere Sammelbetriebe ersetzt. Mit ihren rigiden Öffnungszeiten zwängten sie die Bauern in ein gewöhnungsbedürftiges Zeitkorsett, entwickelten sich aber auch zu wichtigen sozialen Treffpunkten.

▾ *Milchlieferung in die Dorfkäserei. Das Transportmittel hat sich gewandelt, nicht aber die Bedeutung der Käserei als sozialer Treffpunkt.*

▲ *Käsetransport von einer Schwyzer Alp um 1820. Noch ist der Zentralschweizer Alpkäse ein konkurrenzloser Exportschlager.*

Die Folgen der einseitigen Fokussierung auf die Milchwirtschaft zeigten sich schon vor dem Ersten Weltkrieg: die Überproduktion führte zum Preiszerfall der Milch. Es kam zu Konflikten zwischen Bauern und milchverarbeitender Industrie, die als sogenannte «Milchkriege» in die Geschichte eingingen.
Die Milchkriege führten 1914 zur Gründung der Käseunion, die fortan den An- und Verkauf von Käse zentral regelte. Sie war nicht nur ein erster Schritt zum staatlich garantierten Milchpreis und zur Sicherung der bäuerlichen Existenz, sondern nicht zuletzt auch der Beginn einer erfolgreichen bäuerlichen Interessenpolitik.

Entwicklung auf Kosten der Kleinbauern und Berggebiete
Das Hirtenland und die Kleinbauern waren die primären Opfer der agrarwirtschaftlichen Neuordnung Ende des 19. Jahrhunderts. Während der Krise der 1870er-Jahre hatten erneut Tausende von Bauern ihren Betrieb aufgeben müssen. Besonders betroffen war der Kanton Luzern, wo zwischen 1876 und 1890 ein Viertel der Bauernbetriebe Konkurs ging.
Weitaus am stärksten traf die Krise einmal mehr die Kleinbauern, die ihre Liegenschaften zu übersetzten Preisen angekauft hatten und nun die Zinsen nicht mehr bezahlen konnten. Wer keine Arbeit in der Industrie oder im Fremdenverkehr fand, dem blieb oft nur die Auswanderung nach Übersee. Der Anteil des Agrarsektors an der Gesamtbeschäftigtenzahl halbierte sich so allein im Kanton Luzern zwischen 1800 und 1900 von zwei auf einen Drittel.

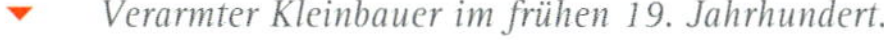
Verarmter Kleinbauer im frühen 19. Jahrhundert.

Pflügende Bauern am Vierwaldstättersee. Johann Jakob Biedermann 1813.

Die Luzerner Gemeinden in der Feldgrasregion um den Vierwaldstättersee waren von dieser Restrukturierung weniger betroffen. Nicht nur, weil hier der Kleinbauernanteil seit jeher klein war, sondern auch dank des fehlenden Flurzwangs, was den Bauern erlaubt hatte, schneller als anderswo auf Neuerungen zu reagieren. So hatte man hier beispielsweise schon früh die Vorteile einer gezielten Düngerwirtschaft mittels Sommerstallfütterung erkannt. Oder wie es ein Grossbauer in Meggen 1846 formulierte: «Je mehr Futter, desto mehr Vieh; je mehr Vieh, desto mehr Dünger; je mehr Dünger, desto mehr Körner; je mehr Körner, desto mehr Batzen.»

Auch in Schwyz hatten die Viehzüchter vorerst noch von den Transporterleichterungen profitiert, die sich mit der

Eröffnung der Gotthardbahn 1882 ergaben. Wo früher die Tiere in langen Fussmärschen über den Pass nach Süden begleitet werden mussten, konnten sie nun jederzeit in die Eisenbahn verladen und zu den Käufern verschickt werden. Zudem eröffneten sich dank der Bahn neue Exportgebiete im Norden. Der Agrarkrise, wie sie das übrige Hirtenland erfasst hatte, konnten sich die Schwyzer noch bis zum Ersten Weltkrieg nur deshalb entziehen, weil sie mit der Zucht von Milchvieh eine Nische besetzten. Nach 1914 wich die Entwicklung der Schwyzer Landwirtschaft jedoch kaum mehr vom schweizerischen Durchschnitt ab.

Bedeutungsverlust und Ideologisierung des Älplers

Besonders negativ wirkte sich die Ausbreitung der Milch- und Viehproduktion im Flachland auf die Berglandwirtschaft aus, die durch die neue Konkurrenz der Talbetriebe ins Hintertreffen geriet. Viehbestände und Bevölkerungszahl stagnierten.

Im Kanton Luzern hatte diese Entwicklung bereits in den 1830er-Jahren mit der Gründung erster Talkäsereien eingesetzt, die innert kurzer Zeit die Alpkäsereien konkurrenzierten. Mitte des 19. Jahrhunderts standen hier bereits rund 85 Prozent der Käsereien im Tal oder im Flachland und nicht mehr auf der Alp. In Nidwalden war die Konkurrenz der Talkäsereien zwar weniger scharf, doch führte auch hier die zunehmende Stallfütterung zu einer Verlagerung der Produktion in die Talbetriebe.

Viele Alpen wurden im Laufe des 19. Jahrhunderts zur Sömmerung von Jungvieh umgenutzt. Nur ertragreiche und gut erschlossene Alpen blieben Kuhalpen. Viele Älpler machten ihre Alp zum ständig bewohnten Bergheimwesen, wo sie eine kleine Zahl von Tieren überwintern konnten. All dies wirkte sich auch auf die Kulturlandschaft der Alpgebiete aus. Vielerorts vergandete das mühsam urbarisierte Kulturland, und die Waldflächen vergrösserten sich.

Parallel zum landwirtschaftlichen Niedergang der Bergregionen setzte eine Ideologisierung des Älplers ein, der zum Inbegriff des freien, arbeitsamen, gottesfürchtigen und staatstreuen Schweizers hochstilisiert wurde.

Das 20. Jahrhundert: im Zeichen der Modernisierung

Im 20. Jahrhundert erlebte die Schweizer Landwirtschaft eine umfassende Umgestaltung nach industriellem Vorbild. Technische Innovationen, betriebswirtschaftliche Organisationsmodelle, eine investitionsfördernde Kreditpolitik sowie ein dichtes Netz von landwirtschaftlichen Organisationen verwandelten die Bauernhöfe von einst in moderne landwirtschaftliche Betriebseinheiten.

Ernährungssicherung und Förderung der Berggebiete

Die Mangelerfahrungen des Ersten Weltkriegs hatten zu einem grundsätzlichen agrarpolitischen Umdenken geführt. Anstatt wie bisher die internationale Wettbewerbsfähigkeit der Schweizer Landwirtschaft zu fördern, stand nun die Sicherstellung der inländischen Versorgung im Vordergrund. Dazu sollte primär der Anbau von Brotge-

Hirtenromantik Ende des 18. Jahrhunderts von Chrétien de Mechel.

Heuer statt Golfer auf dem Sonnenberg bei Luzern 1917.

▲ *In den Voralpen (hier Gersau 1943) erfolgte die Mechanisierung der Landwirtschaft später als im Flachland.*

treide forciert werden. Den Konsum von Fleisch, Kaffee und Schnaps wollte man zugunsten von Brot, Obst, Most und Milch eindämmen. Während die Bauern der Berggebiete mit Skepsis auf die neue Ernährungs- und Agrarpolitik reagierten, schlug ihr von Seiten der Zentralschweizer Obstbauern, die sich besonders mit der neuen Alkoholpolitik schwer taten, gar offene Ablehnung entgegen.

Die zunehmende materielle Not in den Alpenregionen wurde in der Zwischenkriegszeit zum Gegenstand der politischen und gesellschaftlichen Diskussion und die Förderung der marginalisierten Regionen zur nationalen Frage. Eine nationale Kommission schlug Massnahmen gegen die Entvölkerung der Berggebiete vor. 1928 kam es unter Leitung des Schweizerischen Gemeinnützigen Frauenvereins erstmals zu einer nationalen Hilfsaktion zugunsten der Bergbevölkerung.

Trotz dieser Bemühungen erfolgte die Umsetzung der neuen Ernährungs- und Agrarpolitik im Berggebiet weit zögerlicher als im Flachland. Das lag wohl nicht zuletzt auch an der späten Mechanisierung, die in der Berglandwirtschaft erst nach dem Zweiten Weltkrieg einsetzte. Einen Höhepunkt erlebte die auf Ernährungssicherung fokussierte Agrarpolitik mit der sogenannten «Anbauschlacht» während des Zweiten Weltkriegs. Mit Meliorationen, Rodungen und der Nutzung von Wiesland als Ackerland versuchte man eine unabhängige Nahrungsmittelversorgung der Schweiz zu erreichen. Auch in der Zentralschweiz wurden dazu grosse Riedflächen wie das Drachenried bei Ennetmoos entwässert und für den Anbau von Brotgetreide oder Kartoffeln genutzt. Trotz einer kurzfristigen Verdoppelung der Anbauflächen erhöhte die Anbauschlacht den Selbstversorgungsgrad der Schweiz nur geringfügig und diente letztlich mehr der geistigen Landesverteidigung als der Ernährungssicherung.

▾ *Kartoffelsaat 1947 im Steilhang bei Wassen, Kanton Uri, wie zu Zeiten der Anbauschlacht im Zweiten Weltkrieg.*

Motoren der landwirtschaftlichen Modernisierung
Die Mechanisierung der Landwirtschaft setzte mit dem Aufschwung der Metall- und Maschinenindustrie ein. Erste Dresch- und Mähmaschinen standen ab den 1860er-Jahren im Schweizer Mittelland im Einsatz, doch fanden sie erst nach 1890 eine breite Verwendung. Mit der Mechanisierung stieg die Bedeutung der Pferdehaltung, denn nur wer genug Zugtiere hatte, konnte die neuartigen Maschinen einsetzen. 1905 besass im Kanton Luzern jeder dritte Landwirtschaftsbetrieb eine Mähmaschine und jeder zehnte mechanische Heurechen und Heuwender. Die Bauern in den steilen Voralpen und die Kleinbauern arbeiteten aber nach wie vor ohne maschinelle Hilfe.
Die grosse Wende kam mit dem Elektro- und Benzinmotor. Zunächst verzeichneten die Traktoren hohe Zuwachsraten. So standen etwa im luzernischen Meggen 1939 bereits sieben Traktoren und acht Motormäher im Einsatz. Im Schwyzer Talgebiet vervielfachte sich die Zahl der Vierradtraktoren zwischen 1939 und 1960 von 86 auf 747 Stück. Der grosse Mangel an Arbeitskräften beschleunigte nach 1945 die Entwicklung neuer Landmaschinen. Auch in den Voralpen setzte nun eine erste, aber rasante Mechanisierungswelle ein. Hier begeisterten sich die Bauern vor allem für die einachsigen Motormäher, die sich sowohl zum Heuen wie auch als Zug- und Transportmaschine verwenden liessen. In den 1970er-Jahren folgten Zweiachsmäher und Selbstladewagen. Erste Melkmaschinen ersetzten ab Ende der 1950er-Jahre das Melken von Hand. Sie setzten allerdings einen Anschluss des Bauernhofs an das Stromnetz voraus, was in den schwer zugänglichen Voralpengebieten oft lange auf sich warten liess.
Neben einer enormen Arbeitserleichterung brachten die Maschinen auch einen tiefgreifenden Mentalitätswandel mit sich. Landmaschinen wurden zum Statussymbol und demonstrierten Fortschrittlichkeit, diktierten aber auch ein hektischeres Arbeitstempo.

▲▼ *Nach dem einachsigen Motormäher als vielseitige Zugmaschine und Transportmittel modernisierte vor allem der für die Berglandwirtschaft entwickelte Zweiachstransporter die Bewirtschaftungsmethoden.*

Nachkriegsjahre: Rationalisierung und Strukturwandel

Die mit der «Anbauschlacht» einhergehende ideologische Überhöhung der Urproduktion verlieh dem Agrarbereich in den Nachkriegsjahren eine politische Relevanz, die weit über seine volkswirtschaftliche Bedeutung hinausging. Parallel zu seinem politischen Bedeutungsanstieg erlebte der Bauernstand eine zahlenmässige Schrumpfung und Marginalisierung, die im Wesentlichen bedingt war durch die Abwanderung der Arbeitskräfte in andere Wirtschaftsbereiche und durch die zunehmende Mechanisierung der Landwirtschaft.

Die 1960 vom Bund propagierte Neuorientierung der schweizerischen Agrarpolitik rückte die Rationalisierung der Produktion stark in den Vordergrund. Mit einer umfassenden Regulierung und Subventionierung des Ernährungssektors wurde der Strukturwandel innerhalb der Landwirtschaft vorangetrieben. Die Bauern wurden quasi

Die Moderne hält Einzug. Alpaufzug auf dem Urnerboden 1976.

zu Arbeitern im öffentlichen Dienst und mit zunehmender Konsequenz in die Industrialisierung der Nahrungsmittelkette integriert. Der direkte Kontakt zum Konsumenten ging dabei weitgehend verloren.
Das Berggebiet erlebte in den Nachkriegsjahren eine rasche Anpassung an die Produktionsverhältnisse im Tal. Dies war möglich dank umfassender Verkehrserschliessungen und technischer Aufrüstung mit bergtauglichen Maschinen sowie dank einer Agrar- und Regionalpolitik, die sich die Integration des Berggebiets in den schweizerischen Agrarraum zum Ziel gemacht hatte.
In den 1990er-Jahren kam es zu einem Paradigmenwechsel der Schweizer Landwirtschaft. Dafür verantwortlich waren einerseits Verwertungsprobleme, die zu Milchschwemme und Butterbergen geführt hatten, sowie eine erhöhte Sensibilität der Öffentlichkeit gegenüber den ökologischen Folgen einer zu intensiv betriebenen Landwirt-

▼ *Ein wichtiger Rationalisierungsschritt: Selbstladewagen ersetzen die menschlichen Heuerdienste.*

schaft. Andererseits hatte aber auch der aussenpolitische Druck, den führende Agrarexportländer über die Welthandelsorganisation WTO ausübten, zum Wandel der Schweizer Agrarpolitik beigetragen. Neu war nicht mehr die Ernährungssicherung das primäre Ziel, sondern die wettbewerbsfähige Produktion von Rohstoffen für die Nahrungsmittelindustrie sowie die Pflege der Kulturlandschaften und die Erhaltung der Biodiversität.

Seit Mitte der 1980er-Jahre hat sich die Zahl der Bauernbetriebe und der Erwerbstätigen in der Schweizer Landwirtschaft massiv reduziert. In der Zentralschweiz arbeiten heute nur noch zwischen sechs und neun Prozent aller Erwerbstätigen im Agrarsektor. Damit einhergegangen ist ein Rückgang der landwirtschaftlich genutzten Fläche, die gerade auch am Vierwaldstättersee zunehmend in einen Nutzungskonflikt zum wachsenden Flächenbedarf von Siedlungen und Verkehr geraten ist.

Landwirtschaft unter Druck. Bauernhof in Adligenswil LU im Jahr 2012.

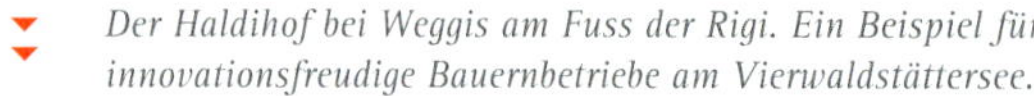

Der Haldihof bei Weggis am Fuss der Rigi. Ein Beispiel für innovationsfreudige Bauernbetriebe am Vierwaldstättersee.

Autorin und Autor

Erika Flückiger Strebel beschäftigt sich als promovierte Historikerin und Gymnasiallehrerin für Geschichte und Geografie mit der Vermittlung von Wissen zur Wirtschafts- und Sozialgeschichte der Schweiz. Sie hat als wissenschaftliche Mitarbeiterin von ViaStoria, dem ehemaligen Zentrum für Verkehrsgeschichte, bereits den ersten Kulturlandschaftsführer zum bündnerischen Safiental geschrieben. Heute Mitarbeiterin der Fachstelle Denkmalpflege der SBB.

Martino Froelicher leitete im Auftrag der Albert Koechlin Stiftung die Projektarbeiten zur Neulancierung des Waldstätterweges in den Programmen Natur- und Kulturlandschaft, Tourismus, Landwirtschaft und Didaktik. Grundlage dafür waren die langjährigen Erfahrungen als wissenschaftlicher Mitarbeiter im Bereich der historischen Verkehrswege und der Vermittlung damit verbundener Themen. Heute als Projektleiter bei der Albert Koechlin Stiftung tätig.

Literatur zur Tourismusgeschichte

Urs Bänziger: Die Rigi – ein touristisches Zentrum. Zürich 1978.

Danielle Berthet: Süsse Zeiten für Luzern? Die «Aktion für amerikanische Armeeurlauber» 1945/46. In: Jahrbuch Historische Gesellschaft Luzern 28. 9–28.

Monika Burri: Bergbahnbau, Tourismusindustrie und bürgerlicher Naturgenuss im ausgehenden 19. Jahrhundert. Die Vitznau-Rigi-Bahn als Prototyp der touristischen Zahnradbahn. Lizenziatsarbeit. Zürich 2002.

Madlena Cavelti Hammer: Panoramen für Touristen. In: Augenreisen. Das Panorama der Schweiz. Bern 2001. 91–109.

Alphonse Daudet: Tartarin de Tarascon in den Alpen. Die Besteigung der Jungfrau und andere Heldentaten. Zürich 2011.

Der Vierwaldstättersee mit seinen klassischen Ufern. Ein Hand- und Erinnerungsbuch der Dampfschifffahrt auf dem Vierwaldstätter See, Luzern 1837, Nachdruck von 1980.

Roland Flückiger-Seiler: Hotelträume zwischen Gletschern und Palmen. Schweizer Tourismus und Hotelbau 1830–1920. Baden 2001.

Roland Flückiger-Seiler: Streiflichter zur Tourismusgeschichte am Vierwaldstättersee. In: Emil Vogt; Marcus Casutt: Kriens-Kairo, Emil Vogt: Luzerner Architekt um 1900. Kriens 1998. 22–31.

Roland Flückiger-Seiler: Zur Geschichte des Tourismus in der Schweiz. In: Denkmalpflege und Tourismus. Schriftenreihe der Arbeitsgemeinschaft Alpenländer ARGE ALP (1997). 73–139.

Thomas Frey: Dienstleistungen. In: Der Kanton Luzern im 20. Jahrhundert. Bd. I. Zürich 2013. 321–346.

Martino Froelicher: ViaCook – «The First Conducted Tour of Switzerland» im Jahre 1863. In: Wege und Geschichte 2004/2. 8–16.

Felix Graf: Zauber Berge. Die Schweiz als Kraftraum und Sanatorium. Baden 2010.

Erwin Horat: Der Tourismus. In: Geschichte des Kantons Schwyz. Bd. 5. Zürich 2012. 160–173.

Heinz Horat: Glanzzeit des Tourismus auf Bergen und Seen. In: Stadelmann, Pius (Hg): Vierwaldstättersee. Kriens 2007. 280–295.

Cédric Humair, Laurent Tissot: Le tourisme suisse et son rayonnement international (IXIe–XXe siècles). «Switzerland, the playground of the world». Lausanne 2011.

Adi Kälin: Rigi – mehr als ein Berg. Baden 2012.

Louis Mettler: Cäsar und Marie-Louise Ritz: Hôteliers des Rois. Kriens 2001.

Roy Oppenheim, Rolf A.Stähli: Die Entdeckung der Alpen. Frauenfeld/Stuttgart 1974.

Barbara Piatti et al.: Tells Theater. Eine Kulturgeschichte in fünf Akten zu Friedrich Schillers Wilhelm Tell. Basel 2004.

Claude Reichler: Entdeckung einer Landschaft. Reisende, Schriftsteller, Künstler und ihre Alpen. Zürich 2005.

Marie-Louise Ritz: César Ritz. Paris 1948.

Cordula Seger: Grand Hotel. Schauplatz der Literatur. Köln 2005.

Karin Schleifer-Stöckli: «Wir ‹Finsterlinge› der Urkantone!» Der Einfluss des Tourismus auf Lebenswelt und Mentalität in Nidwalden von 1850 bis 1914. Lizenziatsarbeit. Zürich 1998.

Felix Weber: 175 Jahre Rigi-Kulm-Hotel. Rigi Kulm 1991.

Theo Wyler: Als die Echos noch gepachtet wurden. Aus den Anfängen des Tourismus in der Schweiz. Zürich 2000.

Thomas Kurt Zimmermann: Kuranstalt Schöneck, Vierwaldstättersee/Schweiz. Vom Kurhaus zum Missionsseminar. Buochs 1999.

Literatur zur Agrargeschichte

Michael Blatter: Die Veränderung der alpinen Landwirtschaft zwischen dem 14. und 18. Jahrhundert am Beispiel des «Wildheuens» in Engelberg (Geschichtsfreund 163). 2010. 169–188.

Gottfried Bürgi: Welschlandfahrten. Erinnerungen eines Senntenbauern aus seiner glücklichen Jugendzeit. Schwyz 1906/[4]1984.

Aloys Businger: Der Kanton Unterwalden, historisch, geographisch, statistisch geschildert (Historisch-statistisch-geographisches Gemälde der Schweiz VI). St. Gallen/Bern 1836.

Remigius Küchler: Obwaldens Weg nach Süden, durch Oberhasli, Goms und Eschental (Obwaldner Geschichtsblätter 24). Sarnen 2003.

Oliver Landolt: Wirtschaften im Spätmittelalter sowie Wirtschaften in der Frühen Neuzeit. In: Geschichte des Kantons Schwyz. Bd. 2. 123–145 sowie Bd. 3. 195–215. Zürich 2012.

Max Lemmenmeier: Luzerns Landwirtschaft im Umbruch. Wirtschaftlicher, sozialer und politischer Wandel in der Agrargesellschaft des 19. Jahrhunderts (Luzerner historische Veröffentlichungen 18). Luzern 1983.

Gerold Meyer von Knonau: Der Kanton Schwyz. Historisch, geographisch, statistisch geschildert (Historisch-statistisch-geographisches Gemälde der Schweiz V). St. Gallen/Bern 1835.

Peter Moser: Landwirtschaft – im Sog des Konsums. In: Der Kanton Luzern im 20. Jahrhundert. Bd. 1. Zürich 2012. 347–367.

Peter Moser: Die Agrarproduktion. In: Patrick Halbeisen, Margrit Müller, Béatrice Veyrassat (Hg.): Wirtschaftsgeschichte der Schweiz im 20. Jahrhundert. Basel 2012. 568-620.

Leo Odermatt: Die Alpwirtschaft in Nidwalden. Geschichtliche Entwicklung und Anpassung an die Agrarstrukturen der Neuzeit (Beiträge zur Geschichte Nidwaldens 40). Stans 1981.

Daniel Rogger: Obwaldner Landwirtschaft im Spätmittelalter (Obwaldner Geschichtsblätter 18). Sarnen 1989.

Roger Sablonier: Innerschweizer Gesellschaft im 14. Jahrhundert. Sozialstruktur und Wirtschaft. In: Historischer Verein der Fünf Orte (Hg.): Innerschweiz und frühe Eidgenossenschaft. Olten 1990. 11–233.

Roger Sablonier: Gründungszeit ohne Eidgenossen. Politik und Gesellschaft in der Innerschweiz um 1300. Baden 2008.

Hans Stadler-Planzer: Geschichte des Landes Uri. Teil 1. Von den Anfängen bis zur Neuzeit. Schattdorf 1993.

Tobias Straumann: Die Wirtschaft im 20. Jahrhundert. In: Geschichte des Kantons Schwyz. Bd. V. 177–207.

Martin Stuber, Matthias Bürgi: Hüeterbueb und Heitisträhl. Traditionelle Formen der Waldnutzung in der Schweiz 1800 bis 2000. Bern 2011.

Hans Wicki: Bevölkerung und Wirtschaft des Kantons Luzern im 18. Jahrhundert (Luzerner historische Veröffentlichungen 9). Luzern 1979.

Bildnachweis

Umschlag, S. 2, 6, 23, 29, 30, 44, 46, 47 (unten), 49, 50/51: Martino Froelicher, ©Luzern Tourismus.

S. 13, 14 (unten), 25, 26/27, 35, 36 (unten), 37 (unten), 42 (oben): Christian Perret, ©Luzern Tourismus.

S. 14/15 (oben): ©Weg der Schweiz.

S. 15 (rechts), 16/17, 18, 20/21, 33, 39, 41 (unten), 52 (oben), 63, 74 (unten), 106/107, 135, 137, 148, 149, 151: Emanuel Ammon, ©aura.ch.

S. 36/37 (oben), 40/41 (oben), 40 (unten): Gabriel Ammon, ©aura.ch.

S. 42 (Mitte): © Kenneth Nars, Liestal.

S. 42 (unten): Peter Mosimann, Bern.

S. 47 (oben): Staatsarchiv Uri (Archiv Aschwanden).

S. 52 (unten), 54, 56, 61, 62, 67, 68, 80, 108 (oben), 112, 116/117, 122, 123, 129, 138, 139, 142: Staatsarchiv Schwyz.

S. 55, 66, 73, 76 (oben/unten), 83 (links), 91 (unten links), 99 (oben links): Zentral- und Hochschulbibliothek Luzern.

S. 57, 132: Schweizerische Nationalbibliothek Bern, Graphische Sammlung.

S. 58: Musée d'art et d'histoire, Dép. des Arts plastiques, Neuchâtel (Suisse).

S. 59, 82: Museum Vitznau-Rigi, Regionalmuseum der Luzerner Rigi-Gemeinden.

S. 65 (Foto: J. Gaberell), 71, 74 (Foto: Max Bürgi, Vitznau), 97, 98, 99 (oben rechts, unten; Foto: Photo-Haus Deyhle, Kaltbad), 100 (Foto: K. Manz, Luzern): Staatsarchiv Luzern (Signaturen: FDC 50/6, 50/305, 50/498, 50/102, 50/308, 50/493).

S. 69, 77, 79, 83 (rechts), 87, 93 (unten), 94, 101, 104, 105: Historisches Museum Luzern.

S. 72 (oben), 121: aus Felix Rickenbacher; Markus Riek: Der Vierwaldstättersee auf alten Ansichten 1780–1880. Schwyz 1998.

S. 72 (unten), 93 (oben): aus dem Prospekt der Kuranstalt Schöneck am Vierwaldstättersee von 1909.

S. 84, 85 (links/rechts), 88, 89, 90, 91 (oben): Staatsarchiv Nidwalden.

S. 86, 125, 126, 128 (unten), 136: Stadtarchiv Luzern (Signaturen: F2a/Strassen/Gütsch 619/619i:10, F2a/Strassen/Schwanenplatz 0.5:08, F2a/Märkte+Messen/1.1.4, F2a/Märkte+Messen/1.1.5, F2a/Publikationen/10:4).

S. 91 (unten rechts), 92 (links), 131: Museum für Kommunikation Bern.

S. 92 (rechts): aus 75 Jahre Hotel Fürigen. Fürigen 1985.

S. 95: ETH-Bibliothek Zürich, Bildarchiv.

S. 102: Kulturgruppe Morschach.

S. 103: aus Ruth Reinecke-Dahinden: Die Rigi – Bilder und Geschichten. Erfurt 2011.

S. 108 (unten), 124, 133: Klosterarchiv Einsiedeln (Signaturen KAE, F4.0/17.3; KAE F3.0/339.13; KAE F3.0/540.2).

S. 110, 144, 147 (unten): Ruedi Camenzind, Gersau.

S. 113: Peter Ammon ©aura.ch.

S. 118: Museum Burg Zug.

S. 120: aus Franz Adam Roedelberger: Das Heimatbuch. Zürich 1944.

S. 128 (oben): aus Kur- und Verkehrsverein Weggis (Hg.): «Cheschtene und Fiige». Weggis 1993.

S. 140: SIK-ISEA, Zürich.

S. 143: Privatsammlung Regula Egger, Kriens.

S. 145: Sammlung Ernst Brunner, Schweiz. Institut für Volkskunde, Basel.

S. 147 (oben): aus E. Huwyler: Ob- und Nidwaldner Bauernhäuser. Basel 1993. 34.

S. 152/153: Julian Muff, Weggis.

Dank

Der Kulturlandschaftsführer konnte nur dank der tatkräftigen Mitarbeit vieler Akteure rund um den Vierwaldstättersee realisiert werden. Wir danken den Kantonalen Fachstellen für Fuss- und Wanderwege, den Kantonalen Wanderwegorganisationen und ihren Mitarbeitenden, den Schweizer Wanderwegen sowie SchweizMobil für ihre Unterstützung auf der infrastrukturellen Ebene.

Dank gebührt auch den folgenden Personen und Institutionen: den Mitgliedern des Projektrats Waldstätterweg, die unter anderem der Idee einer gemeinsamen Trägerschaft für den Weg der Schweiz und den Waldstätterweg zum Durchbruch verhalfen; den Mitgliedern der IG Weg der Schweiz, die dieses Ansinnen positiv unterstützten; den Verantwortlichen des Vereins Gästival für ihre tatkräftige Unterstützung der Neulancierung sowie den Kantonalen Tourismus- und Agrotourismusorganisationen für ihre Inputs und Dienstleistungen. Ein spezieller Dank geht an den Weber Verlag und ViaStoria, Stiftung für Verkehrsgeschichte, für die Lancierung der Reihe Kulturlandschaftsführer.

Herzlich gedankt sei auch den Fotografen Emanuel und Gabriel Ammon von der Fotoagentur Aura, die mit aktuellen und zeitgeschichtlichen Aufnahmen viel zum Gelingen der Publikation beitrugen. Ein grosser Dank gebührt Christian Perret von der Fotoagentur perretfoto, der die Autoren zwei Tage begleitete. Ein herzliches Dankeschön gilt ferner den Privatpersonen, Museen und Archiven, welche die Autoren bei der Recherche nach historischem Quellen- und Bildmaterial nach Kräften unterstützten.

Nützliche Adressen

Websites der beiden Routen
www.waldstaetterweg.ch
www.weg-der-schweiz.ch
www.wanderland.ch/de/routen/route-098.html
www.wanderland.ch/de/routen/route-099.html

Waldstätterweg-Inhalte
Tourismus- und Agrargeschichte:
www.waldstaetterweg.ch → 50 Points of Interest
Für Lehrpersonen und Schulen:
www.waldstaetterweg.ch → Lernen unterwegs

Tourismus
www.luzern.com
www.tellpass.ch
fahrplan.sbb.ch
www.postauto.ch

Wandern
www.wandern.ch
www.kulturwege-schweiz.ch

Natur & Kultur
ViaStoria, Stiftung für Verkehrsgeschichte: www.viastoria.ch
Museen: www.museums.ch
Charta Vierwaldstättersee: www.lsvv.ch
Historisches Lexikon der Schweiz: www.hls-dhs-dss.ch
Bundesinventar Ortsbilder: www.bak.admin.ch/isos
Bundesinventar Landschaften: www.bafu.admin.ch
Bundesinventar historischer Verkehrswege: www.ivs.admin.ch

Geschäftsstelle Verein Weg der Schweiz & Waldstätterweg
www.brunnentourismus.ch